EL GRAN
CORRUPTOR

EL GRAN CORRUPTOR

ELENA CHÁVEZ

Prólogo de
Sergio Negrete Cárdenas

Grijalbo

El gran corruptor

Primera edición: noviembre, 2023
Primera reimpresión: noviembre, 2023
Segunda reimpresión: diciembre, 2023
Tercera reimpresión: enero, 2024

D. R. © 2023, Elena Chávez

D. R. © 2024, derechos de edición mundiales en lengua castellana:
Penguin Random House Grupo Editorial, S. A. de C. V.
Blvd. Miguel de Cervantes Saavedra núm. 301, 1er piso,
colonia Granada, alcaldía Miguel Hidalgo, C. P. 11520,
Ciudad de México

penguinlibros.com

D. R. © 2023, Sergio Negrete Cárdenas, por el prólogo

ISBN: 978-607-383-576-3

A Ciro Gómez Leyva, quien nunca debió ser sujeto de un atentado. La justicia para ti será siempre nuestro reclamo. Los gobernantes se van, los periodistas se quedan.

A todos los periodistas asesinados en este gobierno.

A ti, papá, José María, que me heredaste el carácter para enfrentar desafíos.

Índice

Prólogo

Sergio Negrete Cárdenas

Y el rey del cash llegó a Palacio Nacional.

Mesiánico, demagogo y autoritario, Andrés Manuel López Obrador se proclamó el líder de una transformación histórica, una etapa que solo sería comparable con la Independencia, la Reforma y la Revolución, pero, además, sin un conflicto armado. Nada menos que presentándose como par de Hidalgo, Morelos y los presidentes Juárez, Madero y Cárdenas.

Habían sido tres campañas presidenciales. A lo largo de esos años también construyó su propio partido político: el Movimiento Regeneración Nacional (Morena), para así tener el control absoluto sobre estrategias, candidaturas —empezando por la suya propia— y, un elemento fundamental, los recursos que el partido habría de recibir. En menos de una década montó el andamiaje partidista que deseaba, a su imagen y semejanza, sujeto por completo a sus órdenes, la plataforma electoral que lo catapultaría el poder.

Morena fue no solo producto de una ambición de poder desmedida, sino de dinero, mucho dinero, sobre todo en efectivo. Ese formidable instrumento político obtuvo el registro oficial por parte del Instituto Nacional Electoral en 2014, pero el subsidio del gobierno para su funcionamiento solo se agregó a ese

11

cash en abundancia que recaudaban los personeros de López Obrador y que este acumulaba y repartía a su absoluta discreción. Ríos de dinero que evidenció Elena Chávez en su libro *El rey del cash*.

Hay tres cosas que no se pueden ocultar: el humo, el amor y el dinero. La excepción a esa regla fue López Obrador, quien durante años supo esconder ese abundante efectivo que recibía. Gracias a *El rey del cash* muchos mexicanos pudieron explicarse cómo pudo vivir con tanta holgura el eterno candidato con su familia sin tener cargos formales y menos, si cabe, un salario. Cómo el hombre que presumía de traer solo 200 pesos en la cartera pudo financiar el aparato logístico y partidista que giraba a su alrededor, aparte de un "gobierno legítimo" en que los miembros de su "gabinete" percibían sueldos de 50 mil pesos mensuales.

Se entendió por qué AMLO parecía alérgico a toda formalidad o legalidad financiera. Quedó al descubierto cómo podía presumir de que no tenía tarjeta de crédito y no sabía llenar un cheque. No tenía necesidad de hacerlo, puesto que contaba con efectivo en abundancia, ese dinero que no deja huella o rastro alguno, el favorecido por las mafias, criminales o políticas. Recursos que llegaban de numerosas fuentes oscuras por medio de abultados sobres recogidos por sus personeros. El oriundo de Macuspana no tocaba esos billetes, los administraba. Ello le permitía, como en tantas ocasiones, mentir descaradamente con un dejo de verdad: por sus manos nunca había pasado un peso robado, porque bajo su cuidadosa supervisión pasaban millones por las manos de sus allegados.

Era, efectivamente, el rey del cash, y finalmente ese cash le permitió convertirse en el rey de México. Porque ese dinero ayudó a que Morena ganara no solo contundentemente la elección presidencial, sino sólidas mayorías en ambas cámaras legislativas. La ciudadanía no entregó un cheque en blanco en julio de 2018 a López Obrador, sino la chequera completa. Esta clase de cheques, los que sacan provecho de un poder sin restricciones o contrapesos, sí los sabe llenar y usar perfectamente. Porque si algo domina AMLO es el uso y abuso del poder, ahí sí entiende perfectamente lo de cobrar y pagar, con canonjías, empleos, contratos, impunidad y lealtad como monedas de cambio.

El perpetuo candidato y su cuantioso cash fueron la radiografía que presentó Elena Chávez. Ahora es una nueva placa la que exhibe en este libro, que deberá ser lectura obligada para aquellos que quieran saber más sobre las podridas entrañas del obradorismo. En *El rey del cash*, fue la intensa experiencia personal, lo vivido directamente por ella. Ahora son los testimonios que algunos mexicanos le presentaron a Elena, y quien requirió o buscó las evidencias para comprobar aquello que ahora está plasmado en este libro: *El gran corruptor*.

El *modus operandi* obradorista continúa, pero desde Palacio Nacional. Ya no es el eterno opositor quien lo encabeza, sino el presidente de la República. El oriundo de Macuspana tiene ahora a su disposición toda la maquinaria del gobierno federal, aparte de los gobernadores de los estados y presidentes municipales afines a él. Gracias al dominio que tiene sobre los legisladores, el presupuesto de egresos de la federación prácticamente está bajo su control, con un escrutinio mínimo y sin obstáculos para reasignar los recursos del erario a su entera discreción. La elección de 2018 fue el "ábrete, sésamo" para que López Obrador y su banda pudieran acceder al tesoro presupuestal del gobierno mexicano.

Una cueva que AMLO no piensa desocupar. Este libro muestra ese aparato de corrupción que busca dinero a lo largo y ancho de todo el gobierno. Desde los contratos asignados directamente hasta los inflados programas sociales, destacando el consentido del presidente: la pensión universal para adultos mayores. Se trata no solo de financiar sus caprichos, elefantes blancos que son agujeros negros de dinero, sino de acumular los cochinitos para las elecciones, sobre todo la grande de 2024. Morena se construyó con cash, y es voraz devorando dinero. Las precampañas de hoy, mal disfrazadas con otros nombres, no se pagan solas.

Ya que no pudo reelegirse directamente, la ambición de López Obrador es dejar en la silla presidencial a Claudia Sheinbaum, con el disfraz de unas encuestas populares que a nadie engañaron. Como escribió magistralmente Daniel Cosío Villegas en 1972, México era una monarquía, absoluta, sexenal y hereditaria por vía transversal. AMLO quiere regresar a ese sistema político, con Morena —o sea, él— en lugar del PRI y todo aquello que el dinero pueda comprar, incluyendo, por supuesto, votos.

El cash le permitió llegar al poder, el cash sigue siendo manejado por el rey en su palacio. Esta obra es una crónica de impresionantes corruptelas y, simultáneamente, una denuncia sobre la podredumbre de un gobierno, un "yo acuso" contundente. Su autora atrajo los relatos y evidencias que muchos hasta entonces se habían guardado, de personas que al leer su primer libro supieron que podían confiarle lo que sabían. Este es el resultado: un texto sin miedo, porque proviene de una mujer valiente que no tiene temor de usar su pluma como un espejo que refleja lo que realmente ha sido la administración 2018-2024.

Es probable que muchas personas conocieran directamente las corruptelas, las impresionantes raterías de Andrés Manuel López Obrador por medio de sus familiares, amigos y colaboradores cercanos. Todas optaron por el silencio, probablemente temerosas de las consecuencias que una denuncia pública pudiera acarrearles. Basta que una persona se atreva a romper con fuerza ese círculo de mutismo, esa especie de ley del silencio, como la que imperaba entre la mafia siciliana (*omertà*), pero que es igual de potente entre la mafia mexicana en el poder desde diciembre 2018. Esa persona es, por segunda ocasión, Elena Chávez.

Quizá López Obrador confió en que ese halo de silencio y complicidad lo seguiría protegiendo, que muchos podrían tener dudas sobre su honradez, pero nunca certezas de su inmoralidad. A nadie le cuadraba la narrativa de los 200 pesos en la cartera, pero tampoco nadie había exhibido evidencias sobre un comportamiento ilícito. Estaban los allegados cercanos, como el que arreó hasta con las ligas o el que apostaba dinerales en Las Vegas, pero no se podía señalarlo directamente. Como le dijo un político a otro en un libro de Luis Spota en una frase que se aplica perfectamente al actual mandatario: "Más vale que te crean tonto a que te sepan ladrón".

Por muchos años lo que dominó fue la narrativa que el tabasqueño no se cansó de presentar en sus tres campañas. Fue incansable como propagandista de sus pretendidas virtudes. El ahora presidente había descubierto desde hacía décadas que era fundamental construir una persona pública, una fachada tras la cual ocultarse. A la vista de todos era el humilde luchador social, la antípoda del ambicioso político ávido de dinero y poder (el primero necesario para obtener el segundo). Se presentaba como un funcionario que vivía con sencillez y rechazaba las prebendas que venían con los cargos. Como jefe de gobierno de la Ciudad de México se trasladaba en el famoso Tsuru, por supuesto, de color blanco; y vivía en el sencillo departamento de Copilco. Como candidato presidencial fue la promesa de vender el avión oficial y la simulación de que vivir en Palacio Nacional era algo más humilde que hacerlo en Los Pinos.

La fórmula obradorista era realmente brillante porque estiraba la liga de la credibilidad al máximo. Se trataba de mentir en forma constante, descarada y exagerada. Por paradójico que parezca, las grandes mentiras se aceptan con mayor facilidad que las pequeñas. Lo fundamental es decirlas y machacarlas con todo el aplomo de un demagogo consumado. AMLO no evadía el tema de la honestidad personal y la corrupción como hacen tantos candidatos, quizá por cierto residuo de pudor o vergüenza. La corrupción es un campo minado para cualquier político, porque incluso aquellos que se comportan con honestidad se ven muchas veces obligados a dejar pasar las componendas, los arreglos por debajo de la mesa, aceptar las órdenes de un jefe aunque sepan que pueden implicar un desvío de recursos públicos hacia bolsillos privados. No hay político que presuma que roba, pero tampoco hay tantos que estén hablando de su honestidad.

El de Macuspana, en cambio, se regodeaba presumiendo sin cesar de su probidad personal, precisamente porque no tiene pudor o vergüenza alguna, sino el más profundo cinismo. Es el practicante de repetir mil veces una mentira para que muchos crean que es verdad. Es incansable al decir que es una de esas aves raras que cruzan el pantano de la política y cuyo blanco plumaje emerge de la travesía sin la menor mácula. Con esa habilidad impresionante para el fraseo del gusto popular, repetía que necesitaba llegar a la cumbre del poder político porque las escaleras se barren de arriba abajo. Aquellos que lo escuchaban en las plazas públicas podían imaginar a ese sencillo hombre barriendo con fuerza con todos esos rateros del gobierno. El presidente —decía, contundente, cuando candidato— se entera de todas las corruptelas que ocurren en el gobierno, por lo que estas desaparecerían apenas alcanzara la primera magistratura.

Otra frase cobró fuerza con el paso de los años, esta repetida no solo por el tabasqueño, sino por sus partidarios: "No mentir, no robar, no traicionar". Una cadencia potente e igualmente atrayente para millones de mexicanos decepcionados de los gobiernos anteriores y particularmente del encabezado por Enrique Peña Nieto. Seis palabras que pretendían retratar a un hombre impoluto y recto. En otras palabras: decente, honesto y derecho.

Esta imagen se remataba con otra narrativa extraordinaria que machacaban sus seguidores: AMLO había sido el hombre más investigado de toda la historia de México y nunca le habían encontrado absolutamente nada. Lo que hubieran dado los gobiernos anteriores por tener pruebas para desacreditarlo, acusarlo y hasta encarcelarlo; pero todas esas investigaciones terminaron con las manos vacías, porque era un hombre con las manos limpias.

Quizá López Obrador pensó que aquello que había logrado como candidato lo podría sostener como presidente. A sus casi cinco años al frente del gobierno capitalino, se agregaban 13 de campaña, al final de los cuales llegó a la presidencia con 30.1 millones de votos, una potente demostración de la credulidad de muchos mexicanos. Probablemente algunos cruzaron la boleta por la coalición de AMLO dudando de su honestidad, pensando que tal vez algo de corrupto tendría, pero que finalmente lo sería menos que Peña Nieto y sus avorazados funcionarios. Millones quizá votaron no por AMLO, sino contra el PRI y el PAN, sin pensar que México brincaría de la sartén al fuego.

AMLO siguió usando la misma arma, su palabra, pero magnificada desde el pináculo del poder. Si nadie le había encontrado nada antes, menos podrían hacerlo ahora que mandaba en el país. Era cuestión de mantener inalterada la estrategia de mentir con absoluto descaro y cinismo, machacando incansablemente sobre su honradez personal. Igual, hablar del ave y el pantano, lo mismo que de las escaleras y su barrido. Otra frase usada en la campaña se hizo cotidiana en las peroratas presidenciales pronunciadas en las mañaneras: "No somos iguales, nosotros somos diferentes". En muchas ocasiones, el presidente remataba la idea sacando un pañuelo, tan blanco como el Tsuru, para ondearlo ante sus espectadores. Era una fórmula probada y exitosa.

Mentir con descaro y cinismo, en grande, hasta los extremos más increíbles. No solo sobre la honestidad personal y del gobierno, sino en cualquier otra cuestión que así lo requiriera. Un ejemplo destacado es la promesa de tener un sistema de salud pública como en Dinamarca. Lo ofreció y sigue ofreciendo. No importa el desastre provocado al destruir el Seguro Popular y la compra y distribución de medicinas; tampoco, la creación y eliminación del Insabi; menos las muertes de niños y adultos por falta de tratamientos —destacadamente contra el cáncer— y atención médica. AMLO ni se sonroja cuando asegura, año tras año, que ya casi se llega a ese paraíso de salud danés.

Otro ejemplo entre los muchos acumulados a lo largo de casi cinco años de gobierno es el Tren Maya. ¿Daño ecológico por ese capricho? No se derribará un solo árbol, dijo con absoluto aplomo. Solo en el tristemente famoso tramo 5 se contabilizan unos

9 millones de árboles derribados. La realidad es simplemente hecha a un lado enunciando una gigantesca y grotesca falsedad.

Es el gran mentiroso, y lo que hace ahora Elena Chávez es exhibirlo como un extraordinario corrupto y corruptor. La corrupción es un cáncer que ya existía en el cuerpo de México, pero había tenido en décadas recientes cierta contención por parte de sucesivos gobiernos. El de López Obrador ha destruido, en la medida de lo posible, esas barreras que limitaban el contagio: rebajando los sueldos de los funcionarios, pero permitiéndoles robar; combatiendo sin cuartel la transparencia; destruyendo o al menos minando las instituciones; restringiendo o eliminando el acceso a la información; y fomentando la discrecionalidad en la entrega de concesiones y contratos, además de instaurar programas sociales opacos.

Como muestra Elena Chávez, bajo ese gran corrupto y corruptor, ese cáncer ha sido descaradamente alimentado desde el poder, y ha hecho metástasis en todos los niveles de gobierno. Quizá el ejemplo más destacado —por su profunda ironía, que no por los montos sustraídos— fueron los robos en el Instituto para Devolver al Pueblo lo Robado y que llevaron a la renuncia de su director, Jaime Cárdenas Gracia, quien denunció la corrupción y los malos manejos. El presidente insinuó que su otrora funcionario no había podido con el paquete: "La administración pública, más en épocas de transformación, exige mucha entrega y fatigas. Hay gente muy buena, honesta, con convicciones, inteligentes, pero no se les da lo del trabajo como servidor público".

Así, el honrado presentado como incapaz, y el visto bueno presidencial para aquellos que motivaron su renuncia para seguir robando. El gran corruptor, con sus mil caras, dando luz verde al cáncer para expandirse más. Las escaleras se barren de arriba abajo, pero la porquería también se desparrama cuando brota a borbotones desde la cima. Ser un funcionario cercano al presidente es garantía de protección e impunidad. Con su extraordinario cinismo ya habitual, López Obrador defiende a sus subalternos señalados como corruptos en las mañaneras y proclama que, como él, son honestos. Ni ofrece investigar y menos pruebas de esa inocencia: como siempre, cree que su palabra basta para absolver y purificar. Le han entregado su lealtad absoluta al presidente y a cambio reciben su agradecimiento en forma de protección e impunidad. Si ataca y cuestiona con denuedo, con coraje y desprecio, es a los periodistas y medios que muestran ejemplos de la podredumbre. Cuestiona, ahí sí, sus intereses y hasta sus sueldos y patrimonio.

López Obrador tiene un ojo casi infalible para encontrar a las personas que le entregarán su lealtad, pero hay un círculo que siempre será más cercano y cerrado: la familia. Nada une como la sangre, y Elena Chávez muestra el relevo generacional que tiene lugar mientras el líder de la familia —o *famiglia*, en un sentido literal y figurado del clan mafioso— ocupa Palacio Nacional. El padre de AMLO fue, según su narrativa, quien le heredó su rancho en Palenque, aunque estuvo muy poco tiempo en sus manos, pues ya lo traspasó a los hijos, junto con otras propiedades. Padres que lo heredaron, hermanos que recolectaban sobres, y ahora los hijos que heredan en vida. Es siempre el mismo *modus operandi*: nada debe pasar abiertamente por las manos de AMLO, y menos estar registrado a su nombre. Y quien destaca en el relevo generacional es el poderoso hijo también llamado Andrés, quien coloca amigos en el aparato gubernamental y amaña toda clase de tratos con el poder de su padre.

La valentía e importancia de este libro reside, precisamente, en ser la dura crónica de lo que está ocurriendo en vivo, de un gobierno en funciones que concluirá hasta el primer día de octubre de 2024. Es una radiografía de la metástasis de ese cáncer alimentado por el gran corruptor en años recientes. Los libros denunciando a un presidente y sus acciones habitualmente se escriben y publican hasta el siguiente sexenio, ya a salvo de la ira o represalias que pueden surgir desde el poder. Elena Chávez tiene el arrojo de denunciar a AMLO mientras es presidente, buscando destruir todavía más ese teflón de falsedad que con tanto cuidado construyó a lo largo de años, y de esa forma incidir en el futuro.

Son páginas notables por su contenido explosivo y revelador, pero también por su tiempo, este tiempo. Es la trágica continuación de *El rey del cash*, quien, como presidente, se ha convertido en el gran corruptor.

Introducción

> Son raros los que, con el poder absolu-
> to, conservan la moderación y no dan
> rienda suelta a sus pasiones.
>
> FRANCISCO I. MADERO
> *Carta a Porfirio Díaz*,
> 2 de febrero de 1909

Durante las presentaciones de mi libro anterior, *El rey del cash*, alguien me dijo: "Leer su libro me causó insomnio, me sentí asqueado de tanta corrupción y falta de moral". Tuve el mismo sentimiento. La información recibida de mexicanos cansados de guardar silencio me hizo comprobar que las acciones de Andrés Manuel López Obrador han sido y seguirán siendo un viaje a través de la corrupción más profunda, la putrefacción política y la deshonestidad humana.

A lo largo de su trayectoria política, el tabasqueño ha mostrado diversas facetas de su personalidad de acuerdo con sus intereses. La peor de todas es la perversidad con la que administra un país del cual nos sentíamos orgullosos dentro y fuera de sus fronteras. Su proceder, su ignorancia y sus constantes bravuconadas, así como su política de abrazos al crimen organizado, nos han estigmatizado al grado de que en el extranjero lo primero que piensan cuando mencionas ser mexicano es en el narcotráfico. Estamos gobernados por el payaso, no de las cachetadas —como le decía a Enrique Peña Nieto durante su administración—, sino el de las mañaneras, el de las carcajadas esquizofrénicas con ambiciones de dictador.

Como lo dije en diversas entrevistas, lo relatado en mi primer libro testimonial resultó ser nada en comparación con todo lo que ocurrió durante la gestión de López Obrador al frente del gobierno del Distrito Federal (2000-2006), en sus tres campañas electorales por la presidencia de México y durante su actuación como primer mandatario de un país que hoy está polarizado y herido.

Dar el primer paso para desnudar a quien se siente un monarca viviendo con exceso de lujos en Palacio Nacional (dice que no le gustan, pero cómo los disfruta) motivó a muchos mexicanos y mexicanas a enviarme testimonios de lo que ellos presenciaron como empleados explotados por el presidente y sus benefactores; historias de testigos y víctimas directas de la ambición del mandatario, de sus secretarios de Estado que ahora son los nuevos ricos de México, quienes son defendidos por los pregoneros del sistema que tienen en sus manos los medios oficiales.

Es importante entender que no hay prueba más contundente que el testimonio de las víctimas que vieron y escucharon o quizá hasta fueron obligadas a llevar a cabo actos de corrupción por temor a perder su fuente de empleo.

En estas páginas dedicadas a las andanzas del gran corruptor y sus cómplices se presentan numerosos testimonios que documentan las cuestionables actividades de López Obrador. Las evidencias probablemente tendrán un impacto significativo en aquellos que todavía mantienen su confianza en el líder tabasqueño y se resisten a enfrentar la realidad. Esto abarca a quienes están dentro del mismo gobierno corrupto o se benefician de sus programas clientelares, a través de los cuales ha comprado la conciencia de millones de mexicanos, especialmente entre las personas mayores.

A lo largo de la administración de López Obrador han surgido numerosos casos de corrupción y negligencia que sus seguidores tienden a minimizar, argumentando que "los gobiernos anteriores también lo hacían". Entre estos casos se encuentra, por ejemplo, la extorsión a empresarios en relación con la supuesta rifa o venta del avión presidencial. Además, se han divulgado videos que muestran al secretario particular Alejandro Esquer depositando dinero en efectivo del fideicomiso creado para ayudar a las víctimas del sismo de 2017.

También se filmó a Pío López Obrador recibiendo dinero para la campaña presidencial de su hermano, aunque el titular de la Fiscalía Especializada en Delitos Electorales terminara considerándolo inocente.

Qué decir de la falta de acción del presidente y su subsecretario de Salud, Hugo López-Gatell, durante los dos años de la pandemia de covid-19, que derivó en más de 330 mil muertes, según las cifras oficiales, aunque otras fuentes hablan de más de 800 mil. En un principio, el gobierno consideró el virus simplemente como una gripe común y no mostró disposición para asignar recursos para la adquisición de vacunas, equipos hospitalarios y uniformes para el personal médico. Por otro lado, la extinción del Seguro Popular contribuyó al colapso del sistema de salud y dio como resultado un mayor número de fallecimientos en comparación con gobiernos anteriores. Además, la escasez de medicamentos para tratar el cáncer tuvo consecuencias trágicas, incluyendo la muerte de niños.

Asimismo, se ha señalado un enorme fraude en el organismo Seguridad Alimentaria Mexicana (Segalmex), que supera la magnitud de la Estafa Maestra en tiempos de Enrique Peña Nieto. El presidente nombró a su amigo de toda la vida, Ignacio Ovalle, al frente de este. Tras evidenciarse un desfalco de más de 15 mil millones de pesos, el presidente lo protegió y lo trasladó a la Secretaría de Gobernación, que se convirtió en un nido de delincuentes de cuello blanco, con la protección, en su momento, de Adán Augusto López, otro político de Tabasco con un pasado oscuro que se detalla en estas páginas. Sin duda, estos casos arrojan una sombra sobre el compromiso del gobierno actual con la integridad y la lucha contra la corrupción.

A diferencia de lo que ocurrió con la revelación de la Casa Blanca de Peña Nieto, los seguidores más leales de la 4T parecen no haberse indignado con la residencia en la que vivió el hijo mayor del presidente, José Ramón López Beltrán, en Houston, Texas. Las investigaciones periodísticas apuntaban a que este beneficio provino del antiguo dueño de la propiedad y director de la empresa Baker Hughes, a cambio de contratos en la refinería Dos Bocas. Esta refinería ha resultado costosa tanto para los mexicanos como para el ambiente. El presidente simplemente dijo: "Al parecer la señora es la del dinero", en defensa de José Ramón, conocido por su inclinación a las fiestas, los viajes y los eventos del *jet set*.

Otro tema de controversia es la política del presidente de "abrazos y no balazos", que ha llevado a México a una situación en la que los cárteles de la droga pelean por territorios en todo el país, en especial con el ascenso de morenistas a las gubernaturas estatales. Es ampliamente conocido que el narcotráfico operó en Michoacán para asegurar la victoria del candidato del presidente, Alfredo Ramírez Bedolla. La relación entre la familia de Joaquín *el Chapo* Guzmán y el mandatario tabasqueño es objeto de especulación. El presidente ha viajado en varias ocasiones al municipio de Badiraguato sin llevar a los medios de comunicación, lo que ha alimentado la sospecha sobre su relación con la familia Guzmán.

La corrupción se manifiesta de diversas formas, y la inacción y omisión también son ejemplos de ella. Esto se evidencia en la falta de acción por parte de las fuerzas armadas para enfrentar a la delincuencia organizada, ya que se les prohíbe intervenir.

Los policías federales se han visto obligados a tomar medidas legales debido a la negligencia del presidente, con la complicidad de Rosa Icela Rodríguez, la secretaria de Seguridad Ciudadana federal, periodista de profesión. Estos policías denuncian constantes violaciones y abusos por parte de los mandos militares, muchos de los cuales carecen de la preparación adecuada. Tal escenario plantea preguntas inquietantes sobre la seguridad en el país, donde el Estado de derecho se viola repetidamente y la población se convierte en víctima de la delincuencia, todo con la complacencia de los propios mandos.

Nada representa un mayor peligro para un país que un cuerpo de seguridad conformado por personal sin la preparación adecuada, sin táctica y sin principios. Andrés Manuel López Obrador perdió una batalla importante, ya que la Suprema Corte de Justicia de la Nación (SCJN) determinó que el mando de la Guardia Nacional debía regresar a la Secretaría de Seguridad Ciudadana. Lamentablemente, la sumisa secretaria decidió desafiar al Poder Judicial y llevar a cabo las instrucciones de su jefe: mantener a los mandos militares, beneficiar a los soldados, deshacerse de los policías federales y mirar hacia otro lado ante la delincuencia organizada que se mueve con impunidad por las carreteras del país. La instrucción precisa para la Guardia Nacional fue y sigue siendo desentenderse del combate en las rutas donde circulan armas y drogas, medicamentos robados, personas secuestradas, migrantes, traficantes y tratantes de personas.

En este contexto, los mexicanos que contribuyeron a la creación de este libro que expone la corrupción del presidente también revelan lo que sucede con los migrantes que llegan al país en busca de una vida mejor. Después de los trágicos eventos en Ciudad Juárez, donde, en marzo de 2023, murieron 40 hombres quemados en el Instituto Nacional de Migración, se han denunciado prácticas similares de abuso y extorsión por parte de los funcionarios públicos en el centro de detención migratoria de Acayucan, Veracruz. Cientos de seres humanos acusan a la política migratoria del presidente López Obrador de ser una "mierda".

Hasta ahora, al presidente le ha sido perdonado todo por parte de un grupo de mexicanos que, al igual que él, viven con un fuerte resentimiento social. Este grupo tiende a despreciar a aquellos que han buscado mejorar su educación y a las clases media y alta que, a través de sus impuestos, sostienen el país. Este sector también ha respaldado los caprichos del presidente, que comienzan a parecer elefantes blancos: el Aeropuerto Internacional Felipe Ángeles (AIFA), que incluso el propio presidente rara vez utiliza; la refinería Dos Bocas, que ha experimentado numerosas inundaciones y aún no ha producido ni un solo barril de petróleo de los 340 mil diarios prometidos; y el Tren Maya, un proyecto altamente cuestionado por su impacto ambiental y los favores a empresarios cercanos al presidente.

Un ejemplo de este favoritismo es la exdirectora del Sistema de Transporte Colectivo Metro, Florencia Serranía, quien debería estar respondiendo por el desastroso colapso de la Línea 12 del Metro, que costó la vida de 26 personas, incluyendo un menor de edad. En lugar de eso, se beneficia de la corrupción que rodea al Tren Maya, como socia de una de las constructoras.

Este grupo de mexicanos, manipulados hábilmente por el presidente, también ha apoyado lo que muchos consideran un ataque a la democracia: los intentos de debilitar al Instituto Nacional Electoral (INE), el cual supervisó las elecciones de 2018 que llevaron a López Obrador al poder. Primero, el presidente intentó modificar la Constitución con la ayuda de legisladores de su partido, Morena, pero al no tener mayoría calificada, este plan falló. Luego, impulsó un plan B, que fue aprobado por el Congreso, pero finalmente detenido por la Suprema Corte de Justicia y por más de 1 millón y medio de mexicanos que salieron a las calles para defender su derecho a elegir a sus gobernantes de manera libre.

A pesar de estos escándalos, el "pueblo bueno" de López Obrador ha preferido cerrar los ojos ante la realidad y seguir respaldando al presidente en su papel de víctima de supuestos conservadores que se oponen a su cuarta transformación.

Un incidente adicional que causó una gran controversia fue el descarado plagio por parte de quien se ostenta como ministra de la Suprema Corte: Yasmín Esquivel. Cuando pretendía asumir la presidencia de la Corte, fue expuesta por el escritor y periodista Guillermo Sheridan, quien reveló a través de *Latinus* que Esquivel había copiado —o quizá comprado— partes de su tesis de licenciatura. Esquivel era la candidata favorita de López Obrador para liderar la Suprema Corte, lo que habría facilitado las reformas al INE y le habría permitido al gobierno un mayor control sobre las elecciones federales de 2024 a través de la Secretaría de Gobernación.

El presidente reaccionó con indignación, arremetiendo contra Guillermo Sheridan y la sociedad civil que presionó para evitar que Esquivel presidiera la SCJN, diciendo: "Ni que fueran lumbreras, ni que fueran tan inteligentes", y argumentando que plagiar una tesis era un error menor de juventud. Sin embargo, la presión ciudadana y la honestidad de la UNAM, que confirmó el plagio, llevaron a la victoria de la sociedad civil en esta batalla. La ministra Norma Piña asumió la presidencia de la Corte, enfrentando con dignidad y valentía la constante crítica de López Obrador y su grupo de seguidores, quienes la insultan continuamente por defender el Estado de derecho.

Es importante tener presente que los fallos de Yasmín Esquivel como presidenta del Tribunal Administrativo de la Ciudad de México a favor de los exjefes de gobierno fueron recompensados de manera notable. Tanto ella como su esposo, el constructor José María Riobóo, quien es el favorito del presidente y fue responsable de la cancelación del Aeropuerto de Texcoco, recibieron concesiones significativas. Esto incluyó la asignación de miles de metros cuadrados de terreno para el colegio Westhill Institute, del cual son socios. Riobóo ha obtenido numerosos proyectos de construcción en diferentes lugares y es probable que pronto figure en la lista de la revista *Forbes* como uno de los empresarios más ricos de México.

Como todo esto no ha sido suficiente prueba de la corrupción del gobierno lopezobradorista, este libro pretende exhibir, nuevamente, las tropelías del gran corruptor. Mostraré cómo el inquilino de Palacio Nacional, un hombre de mil caras, sigue un patrón: acumular dinero en efectivo mediante mentiras flagrantes a los ciudadanos, todo con el objetivo de mantenerse en el poder y preservar sus privilegios. Así se retrata a un líder que ha traicionado sus promesas iniciales de no caer en la corrupción y que se ha convertido en aquello que juró nunca ser: un vulgar ladrón.

A lo largo de los capítulos, entenderán cómo este hombre de cabello entrecano, con un vientre abultado y un lenguaje florido, supera en deshonestidad a sus predecesores. Incluso antes de abandonar el PRI —partido que lo formó— para unirse a la izquierda a través del PRD, ya había acumulado una carrera delictiva de extorsión, aprovechándose de políticos que —él sabía— tenían cola que les pisaran.

López Obrador encontró una fuente inagotable de riqueza en la necesidad de los trabajadores y de aquellos que estaban desprotegidos o vulnerables. Y así fue haciéndose también de un capital político. Cómo olvidar el cierre de 51 pozos petroleros en 1996 en su natal Tabasco.[1] Lo usó como chantaje contra las autoridades y, a cambio de liberar las instalaciones, recibió miles de millones de pesos. Dos políticos ya fallecidos, Carlos Hank González, entonces secretario de Agricultura, y Manuel Camacho Solís, regente del Distrito Federal, le entregaron dinero para levantar sus plantones que siempre llegaban a la Ciudad de Mé-

---

[1] *Cf.* Pablo Ferri, "López Obrador, cuando bloqueó 51 pozos petroleros en 1996: 'La cárcel es un honor cuando se lucha por la justicia'", *El País*, 6 de agosto de 2019.

xico. No es casualidad que hoy, en el gobierno de López Obrador, la familia Hank sea dueña de empresas que se benefician con contratos millonarios, según datos oficiales de Compranet. Entre estas están Grupo Hermes, Cerrey, S. A. de C. V. y Banorte, cuya banca obtuvo contratos millonarios para seguros de trabajadores del gobierno federal.

Durante días enteros analicé y verifiqué la información proporcionada por hombres y mujeres cansados del abuso de poder del presidente. También descubrí el temor que sienten al saberse vulnerables ante las acciones indulgentes del tabasqueño para con el crimen organizado. Su molestia por la destrucción de instituciones que, a pesar de sus deficiencias, servían a la sociedad mexicana. Su preocupación por el ecocidio continuo en nombre de proyectos presidenciales, como la construcción de un tren que devastó diversas especies de animales silvestres, dividió la selva en dos y contaminó cenotes con toneladas de tierra, a pesar del peligro constante de hundimientos.

Ente otras historias, en estas líneas encontrarán evidencias de uno de los grandes engaños del presidente: su negativa categórica de conocer al empresario argentino Carlos Ahumada, el artífice y protagonista de los famosos videoescándalos de 2004. Además de los rostros ya conocidos —René Bejarano, Carlos Ímaz y Ramón Sosamontes—, otros políticos, tanto hombres como mujeres, fueron grabados visitando las oficinas de Ahumada en busca de dinero. Según un testigo presencial, nombres como Beatriz Gutiérrez Müller, Alejandro Encinas Rodríguez, Clara Brugada, Higinio Martínez y Horacio Duarte, entre otros perredistas, también pasaron por ahí.

Carlos Ahumada, quien despertó la ira de López Obrador al convertirse en el primero en atacar su supuesta honestidad política, incluso asistió al funeral de la primera esposa del presidente, Rocío Beltrán Medina, en Tabasco. La relación entre ambos era tan estrecha que, si el argentino decidiera hablar, en caso de que el tabasqueño rompiera el pacto de silencio que firmaron en 2017, la putrefacción en el pantano donde nada el presidente explotaría como un volcán. Carlos Ahumada es como un espejo en el que Andrés Manuel López Obrador se mira y se reconoce en cada detalle.

Ambos personajes parecen haber olvidado que dejaron testigos de sus acciones. Hoy, ante los acontecimientos en el país, estos testigos han decidido revivir aquellos días en los que el político y el empresario se hacían favores que se pagaban en efectivo. Ahumada permanece en su país, resguardado por los videos que atesora celosamente en caso de que intenten nuevamente extraditarlo para enfrentar cargos por el mismo delito. Mientras tanto, Andrés Manuel se da cuenta de que el tiempo se agota para continuar influyendo en México y se apresura a dejar a algún incondicional que encubra sus acciones.

Asimismo, en estas páginas se revela que el programa insignia del presidente, el de las pensiones para adultos mayores, se ha convertido en una fuente extraordinaria de recursos tanto para el propio López Obrador como para su operadora Ariadna Montiel. Miles de millones de pesos fluyen a través de este programa, que el mandatario usa a discreción. Sin embargo, detrás de la fachada de ayuda a los adultos mayores se oculta un patrón. Los "viejitos", como cariñosamente los llama la titular de Bienestar, son una pantalla para un saqueo a gran escala. Esto podría ser considerado la estafa económica y moral más grande perpetrada por el adulto mayor Andrés Manuel López Obrador.

La corrupción también tiene un rostro femenino. En *El rey del cash* expliqué cómo Ariadna Montiel, actual secretaria de Bienestar y encargada del mayor presupuesto dentro del gobierno de López Obrador, ha amasado una gran fortuna. A pesar de que Montiel declaró en una entrevista que el presidente le dijo: "Olvídate de lo material", ella adquirió una finca en Tepoztlán valuada en más de 20 millones de pesos, la cual se sumó a su lista de propiedades costosas. A pesar de que se requiere un perfil "humano" para su puesto, dado que trata directamente con los ciudadanos más vulnerables, Ariadna tiene un historial violento. Por ejemplo, en su época de estudiante en la UNAM, junto con Carlos Castillo, también funcionario federal, intentaron rociarle solvente a un hombre al que acusaron de ser espía del Cisen. Hoy, como responsable de los programas sociales clientelares del presidente, mantiene un control absoluto en la institución, al punto de que ni la subsecretaria Rocío García, gran amiga de Beatriz Gutiérrez, tiene la facultad de tomar decisiones. Montiel guarda celosamente un oscuro espacio donde fluye el cash sin control.

Por otra parte, narro el comportamiento cínico y el estilo de vida lujoso de los hijos del presidente. José Ramón gasta millones de pesos en viajes familiares y lo presume en redes sociales, sin que se informe a los mexicanos sobre su empleo o ingresos que le permitan llevar una vida de opulencia, lo cual contradice la supuesta pasión de su padre por la austeridad y la humildad. Aunque no se puede negar que la austeridad, aplicada de manera franciscana, ha generado más pobreza entre los más necesitados.

Al mismo tiempo, Andrés y Gonzalo López Beltrán, además de convertirse en exitosos empresarios chocolateros y mezcaleros, se han visto involucrados en extorsiones a empresarios, como descubrirán en estas páginas. Tienen influencia en las principales instituciones y manejan presupuestos multimillonarios, incluyendo la Secretaría de Bienestar, Pemex, la Comisión Federal de Electricidad, la Secretaría de Medio Ambiente y Recursos Naturales y, por supuesto, dentro de Palacio Nacional. En particular Andy —como lo llaman aquellos que buscan su favor— tiene un papel crucial en la decisión de quién obtiene o no un cargo de elección popular, siempre, por supuesto, a cambio de un pago por adelantado por la candidatura.

Gracias al testimonio invaluable de diversos ciudadanos que se acercaron a mí, he logrado llevar la historia del rey del cash más allá y poner de manifiesto su papel como un gran corruptor.

Evidenciado a través de videos y trabajos de investigación en diversos medios y redes sociales, el presidente ha demostrado a diario su desprecio por la ley y el Estado de derecho, siguiendo el patrón de muchos dictadores a lo largo de la historia. En abril de 2022, ante la postura de la Suprema Corte hacia su reforma eléctrica, declaró: "No me vengan con ese cuento de que la ley es la ley",[2] una frase que lo define por completo.

¿Cómo llegó el gran corruptor a gobernar con odio hacia ciertos sectores sociales, usando a los menos afortunados y encubriendo a sus allegados cuando son señalados? Andrés Manuel López Obrador tejió redes de corrupción que conectan a perso-

[2] Noemí Gutiérrez, "AMLO arremete contra SCJN por reforma eléctrica: Que no vengan con que 'la ley es la ley'", *Reporte Índigo*, 6 de abril de 2022.

nas, empresas y grupos criminales o clientelistas, donde fluye el dinero, pero también la información y los favores, aún más valiosos, ya que generan el cash necesario para sus propósitos mesiánicos. Los expertos en corrupción, un problema central en el desarrollo y la competencia de cualquier sociedad, coinciden en que una sociedad educada no favorece la corrupción, ya que los corruptos pueden ser descubiertos, denunciados y castigados. Sin embargo, la falta de interés de los mexicanos siempre será una ventaja para el gran corruptor, cuyo grado de corrupción está directamente relacionado con la impunidad en México.

Es crucial recordar que el título de "Tirano del 2022" otorgado a Andrés Manuel López Obrador por la revista *Index on Censorship* se debió a las deficientes políticas de su gestión y a la violencia contra ambientalistas, organizaciones no gubernamentales y periodistas. Todos ellos han trabajado incansablemente para exponer al gran corruptor en negocios turbios o licitaciones amañadas y videos que muestran a familiares o personas muy cercanas recibiendo dinero. En resumen, Andrés Manuel López Obrador, quien alguna vez se presentó como incorruptible, ahora está asociado con una cloaca de corrupción, impunidad, venganzas judiciales, violación de las leyes y cash por donde quiera que se mire.

Por todo lo anterior, ahora más que nunca, reitero lo que dije en mi primer libro e invito a los lectores a informarse y desarrollar una conciencia crítica: "Ningún mexicano, ni los seguidores del presidente ni los opositores, merecen ser engañados. Que vea quien quiera ver, y escuche quien quiera escuchar".

1

Radiografía de un político corruptor, violento y mesiánico

EL HOMBRE CORRUPTOR

Aunado a la corrupción rampante mostrada a través de videos y trabajos de investigación en diversos medios de comunicación y redes sociales, López Obrador ha sido evidenciado en muchas ocasiones por su enorme desprecio a la ley y a los marcos legales, ya que su discurso rompe con los principios del Estado de derecho.

En esta revelación ampliada que hago del modus operandi del presidente y sus seguidores, mediante un sistema que "perfeccionaron" para obtener recursos y enriquecerse, no puedo dejar de mencionar la violación constante que ha perpetrado López Obrador de la ley con el fin de lograr impunidad o imponer sus caprichos. Como ha expresado en alguna ocasión la historiadora Ángeles Magdaleno: "En México hay corruptos porque el costo es muy bajo".

Al igual que muchos dictadores, López Obrador desprecia la ley y la coloca por debajo de la justicia. Este desprecio por la legalidad lo ha llevado a extralimitar sus facultades, transgrediendo en muchas ocasiones la independencia de las instituciones.

¿Por qué el esquema de financiamiento en efectivo de López Obrador y sus seguidores para obtener recursos no ha sido sancionado? Porque la ley no ha sido aplicada por quienes deberían protegerla.

Como señala la periodista Elena Cárdenas en su tesis titulada *Chavismo a la mexicana: el camino hacia la destrucción institucional*:

La administración de Andrés Manuel López Obrador repite patrones de gobiernos arbitrarios y autoritarios tales como la intolerancia a la oposición, la intromisión y limitación de los poderes, y la pretensión de subordinación ante la figura presidencial que, debido al diseño institucional, tiene un papel preponderante. Con la quema de pozos petroleros en Tabasco, en 1996, hechos por los que la entonces Procuraduría General de la República (PGR) inició una averiguación previa por los delitos de daño en propiedad ajena, sabotaje, conspiración contra el consumo y las riquezas nacionales, asociación delictuosa y oposición a que se ejecute alguna obra o trabajo público; su candidatura a la Jefatura de Gobierno del Distrito Federal en 2000, sin tener los años necesarios de residencia; el caso El Encino, en 2005, que privilegió a inmobiliarias y al hospital American British Cowdray (ABC) de Santa Fe, dejando en indefensión al propietario del predio; el "decretazo" para manejar de manera discrecional los recursos y la información de sus obras insignia; la rifa del avión presidencial, que no podía ser rifado y que no fue entregado a los ganadores; la confrontación abierta con los medios de comunicación y sus representantes; y la liberación, el 17 de octubre de 2019, del hijo del narcotraficante Joaquín *el Chapo* Guzmán Loera, Ovidio Guzmán, *el Chapito* o *el Ratón*, requerido por delitos contra la salud por las autoridades norteamericanas para ser extraditado, entre otras muchas acciones, López Obrador ha demostrado, a lo largo de su vida, que no es un hombre respetuoso de las leyes ni de los equilibrios democráticos. Sus constantes arbitrariedades deben alertar sobre el sometimiento de los otros dos poderes tanto en el Congreso como en la Suprema Corte de Justicia de la Nación (SCJN), ya que han sido deliberadamente debilitados, demostrando no ser lo suficientemente sólidos para hacer respetar la división de poderes y el equilibrio entre estos, poniendo en riesgo constante el camino a la democracia.

En este recuento sistemático y puntual que Elena Cárdenas hace de las decisiones de López Obrador que ponen en riesgo al país debido a la constante transgresión al Estado de derecho, se pueden identificar más de 32 violaciones a artículos constitucionales y a diversos códigos, así como a acuerdos, tratados y convenios internacionales. Esto me lleva a reflexionar que solo los ciudadanos, y no los políticos, podemos y debemos salvar al país y derribar la imagen de honestidad de un hombre que ha vivido toda su vida en la deshonestidad.

Cárdenas señala que para lograr sus objetivos "el presidente ha dividido a la clase política en conservadores y liberales, calificando a los primeros como malos y a los segundos como buenos, presentándose a sí mismo como la voz del pueblo". Esta división extrema lleva a los llamados "amlovers", que son sumamente agresivos y voraces en las redes sociales, a suponer que si personas cercanas al presidente, como René Bejarano o Alejandro Esquer, son filmadas recibiendo fajos de billetes o realizando carruseles para depositar varios millones de pesos de dudosa procedencia, es porque intentan "golpear" y "dañar" al presidente, y no porque ambos hayan hecho algo que, a todas luces, es ilegal. Lo aterrador es que ambos sistemas de recolección y lavado de dinero se mantienen.

Hemos escuchado innumerables veces mencionar a Francisco I. Madero o Benito Juárez cuando el presidente quiere destacar su incorruptibilidad, liberalismo y honradez, cuando en realidad todo es una farsa. Es innegable que, con tantas violaciones a la ley, violaciones de amparos, decretos irracionales y detenciones arbitrarias, nada está más alejado de Andrés Manuel que esos dos hombres que realmente sirvieron a este país que está comenzando a desmoronarse. Aquí retomo otro párrafo de la tesis de Elena Cárdenas, en el cual explica que

> pese a los vaivenes políticos en una de las etapas más turbulentas del país, Juárez defendió de manera férrea las instituciones y gobernó con plena sujeción a las leyes, mientras que para AMLO la justicia está sobre la legalidad, y a las instituciones las manda al diablo, al igual que en su momento lo hizo el presidente de Venezuela, Hugo Chávez, quien expropió ilegalmente medios de comunicación, empresas nacionales y extranjeras, y propiedades privadas, y tomó el control del Tribunal Supremo de Justicia para limitar o anular los derechos de cualquier opositor o crítico del sistema, todo esto, violando la ley de su país.

> Las instituciones eran para Juárez los cimientos de toda nación: "Siempre he procurado hacer cuanto ha estado en mi mano para defender y sostener nuestras instituciones", "no se puede gobernar a base de impulsos de una voluntad caprichosa, sino con sujeción a las leyes" (Sierra, 1905). AMLO quiere que la historia lo recuerde, al igual que a Benito Juárez, como el mejor presidente de México. Juárez es para él la figura política recurrente de la que toma muchas frases, pero no practica la misma legalidad. Mientras para Juárez la ley y la legalidad son los pilares fundamentales del Estado, para AMLO "la justicia está sobre la legalidad".

Para entender el entramado de la red de corrupción, considero muy importante hablar de la ilegalidad de López Obrador, quien se ha caracterizado por su desdén hacia las instituciones, hasta el punto de haber desvirtuado el funcionamiento de los órganos legislativos.

Basta recordar el grado de sometimiento y división en la cámara de representantes de la Asamblea Legislativa del Distrito Federal, donde mostró una actitud poco respetuosa y tolerante hacia la oposición, especialmente en temas como desarrollo urbano, infraestructura, servicios públicos y seguridad, por mencionar algunos. Prácticamente eliminó las contribuciones constructivas que la oposición hizo durante su gestión como jefe de gobierno de la Ciudad de México, principalmente en desarrollo inmobiliario. Fue tan obstinado que emitió el bando 2, que fue el origen de la tragedia urbana, y se negó a aprobar la Ley de Transparencia y Acceso a la Información, llegando incluso a presentar una controversia constitucional.

En los hechos, desapareció la división de poderes, anuló a la Asamblea y se negó a que le pusieran límites, algo que también está haciendo ahora con el Congreso. López Obrador ha ejercido el poder siguiendo cánones cercanos más bien a los de Porfirio Díaz.

Después de la tragedia que está ocurriendo en México debido a la flagrante violación de la ley por parte de quien debería ser su garante, es importante destacar que resulta muy presuntuoso situar su gobierno en el mismo nivel que las Leyes de Reforma. Recordemos que México fue el primer país de América Latina en separar definitivamente la Iglesia del Estado y en la formación de una república con separación de poderes, y el apego de estos al marco legal.

López Obrador tiene una visión simplista y básica de Juárez, como señaló Enrique Krauze en "El mesías tropical":

AMLO tiene una lectura evangélica de Juárez, la sobriedad la confunde con las constantes metáforas a la vida de Jesús Cristo, en especial a la vida apartada de lujos de este; y en cuanto a la resistencia que Juárez encabezó en contra de los franceses, AMLO la interpreta como el arduo camino de Jesús ante la persecución de que fue objeto por los romanos [1]

El deseo de López Obrador de pasar a la historia de la misma manera que lo hizo Juárez resulta enfermizo. No tengo duda, al igual que seguramente usted, estimado lector, de que la historia lo recordará como una figura rencorosa, vengativa, violadora de las leyes y simuladora.

EL HOMBRE VIOLENTO

De todo el cúmulo de información que ha llegado a mis manos, destaca la historia del "agitador" que el presidente López Obrador fue desde su adolescencia. Disfrutaba que le llamaran "general" porque, debido a su carácter violento, imponía sus decisiones a sus amigos mediante el miedo. Cuando militaba en el PRI, en su tierra natal AMLO se convirtió en una figura aterradora para sus paisanos; era conocido por su temperamento iracundo y su falta de tolerancia. Sin embargo, ante la ausencia de líderes, aceptaban al "general".

No obstante, la confianza no fue ilimitada. Durante la toma de los pozos petroleros en 1996, por ejemplo, el "general" dejó solos a sus seguidores cuando la protesta se tornó violenta y

[1] Enrique Krauze, "El mesías tropical", *Letras Libres*, 30 de junio de 2006.

hombres y mujeres se enzarzaron en enfrentamientos físicos con la policía. Aunque López Obrador resultó herido y con el rostro manchado de sangre que le brotaba de la cabeza, escapó dejando atrás a quienes habían confiado en él.

De estos eventos, una mujer tabasqueña fue testigo presencial:

> Iba en mi camioneta con mis dos hijos cuando vi acercarse una multitud de hombres y mujeres gritando y alzando las manos de manera amenazante. Al frente de todos estaba Andrés Manuel López Obrador, de quien ya teníamos conocimiento de su tendencia violenta para lograr sus objetivos. Detuve la camioneta esperando que esa turba de personas pasara, y fue entonces cuando estalló el enfrentamiento con la policía. Vi cómo se lanzaban contra las autoridades que trataban de contener la furia de los manifestantes. También me percaté de que el actual presidente de México abandonó a las personas que lideraba y se salió de la carretera para escapar, sin pensar en si sus seguidores resultarían heridos. La verdad es que en Tabasco no lo queremos, no comprendemos cómo llegó a la presidencia con este tipo de antecedentes.

En "El mesías tropical", de nuevo, se encuentra un párrafo trascendental para entender el carácter pendenciero de López Obrador, donde el padre del presidente lo define: "Según parece, le decían 'piedra', porque pegaba duro: 'Se peleaba con alguien, le ganaba, y salía con esa sonrisita burlona de 'te gané'".[2]

"Piedra" o "general", o como le digan al presidente, es lo de menos, en comparación con su actitud hacia sus subordinados,

---

[2] *Idem.*

especialmente hacia las mujeres, a quienes desvaloriza tanto en términos de género como en el ámbito laboral.

Diversas personas me han compartido sus experiencias al estar cerca del mandatario, y lo que más resalta es el profundo desprecio que López Obrador muestra hacia las mujeres. Uno de los casos más notorios es el de Rosario Robles. Ella se enfrentó a él al negarse a cumplir su solicitud de aumentar la tarifa del Metro. Esta negativa provocó la ira del presidente, llevándolo a convertirla en su enemiga y a intentar destruirla políticamente.

Utilizó todo el poder que tenía como líder de la ciudad para perseguirla, asegurándose de que no tuviera ninguna oportunidad de destacar en los círculos de liderazgo del PRD en aquel entonces.

Este caso me lleva a pensar en las mujeres que en estos momentos le ayudan a gobernar este país. Al iniciar su gobierno, López Obrador nombró a ocho mujeres en su gabinete: Olga Sánchez Cordero como secretaria de Gobernación; María Luisa Albores como secretaria de Desarrollo Social; Josefa González Blanco Ortiz Mena como secretaria de Medio Ambiente; Rocío Nahle como secretaria de Energía; Graciela Márquez como secretaria de Economía; Irma Eréndira Sandoval como secretaria de la Función Pública; Luisa María Alcalde como secretaria del Trabajo, y Alejandra Frausto Guerrero como secretaria de Cultura. De estas ocho mujeres, cuatro ya no están en el gabinete. AMLO las usó solo para enviar el mensaje de que era un presidente respetuoso de la equidad de género, pero las destituyó públicamente a la primera oportunidad. Fue el caso de Irma Eréndira —a quien llamaban "la mujer de hierro"—, tras negarse al deseo de AMLO de imponer a un violador como Félix Salgado Macedonio en la gubernatura de Guerrero.

Otro caso bochornoso lo protagonizó la regiomontana Tatiana Clouthier, quien es casi comadre de Beatriz Gutiérrez y además fue su coordinadora de campaña en 2018. La Tatis cometió el grave error de oponerse a la militarización del país cuando era secretaria de Economía. En una triste mañanera, AMLO le permitió que usara el micrófono para que leyera una carta de amor y agradecimiento entre lágrimas y con la voz entrecortada.

Él, el amoroso, el moralista, el que no sabe de rencores ni de venganzas, ni siquiera la miró. En cambio, se entretenía mirando la pantalla que todos los días ponen para exhibir a sus enemigos. Clouthier caminó hacia él para despedirse besándolo y abrazándolo sin obtener respuesta. Al día siguiente, alguien le preguntó: "Oiga, presidente, ¿por qué no abrazó a la secretaria?". Él respondió: "Ni cuenta me di, pero le mando muchos besos", con esa sonrisa burlona con la que estigmatiza a quienes ya no quiere cerca de él".

Y retomando el caso de Rosario Robles como una muestra relevante del violento desprecio que siente hacia las mujeres, también hay que decir que a ella la metieron a la cárcel durante cuatro años por una venganza. No fue por la Estafa Maestra en tiempos de Enrique Peña Nieto, sino porque fue la pareja del empresario argentino Carlos Ahumada, quien ridiculizó al tabasqueño con los videoescándalos al demostrar que sus principales colaboradores recibían cash que, según un testigo muy cercano a Ahumada, era para el propio Andrés Manuel.[3]

---

[3] Véase el capítulo 3, "El *compló* de Ahumada y los fantasmas del pasado", p. 59.

El sábado 4 de febrero de 2023 encontré un tuit de Rosario Robles que decía:

A raíz de mi artículo @Opinión_51 no sólo me mandaron sus bots, también al @SATMX. Me llegó ayer una orden para pagar (no mis impuestos que están al día) sino las multas que tiene la @SEDATY_mx por juicios que perdió. ¿También se quieren quedar con mi casa? Que paguen ellos.

Este acoso se debió a que la experredista y exjefa de gobierno, que gozaba de gran aceptación entre los capitalinos durante su gestión, escribió que el presidente era malagradecido con Cuauhtémoc Cárdenas, cuando había sido el líder moral del PRD quien lo había impulsado en su carrera política, solo porque en los medios y redes sociales se dio a conocer que sería parte de un grupo de mexicanos en Mexicolectivo. Enterarse de tal afrenta logró lo imposible: que López Obrador señalara en su mañanera a Cárdenas como su adversario.

Este es el hombre que gobierna nuestro país, un mesiánico que se ve al espejo y cree tener sobre su cabeza una corona de espinas. Un agitador que desde el púlpito presidencial utiliza su boca como "metralleta" para que su pueblo bueno juzgue, desde la plaza pública, a todo aquel que ose criticarlo u oponerse a su voluntad. Un tirano reconocido internacionalmente. Un violador sistemático de la Constitución mexicana, un gran corruptor que es corrupto y corrompe a quienes le sirven.

2

Mefistófeles tabasqueño

Cuenta la escritora Blanca Gómez en su biografía de López Obrador que: "una vez en las cascadas el Baño de la Reina en Palenque, López Obrador fue revolcado por la corriente y estuvo a punto de morir ahogado. Después de la experiencia platicaría a sus amigos que en ese momento solamente le pasó por la mente que no podía morir porque tenía una misión en la vida".[1] ¿Acaso sería destruir a México? Más allá de aquella epifanía religiosa, en el colectivo hay una gran incógnita: ¿es Andrés Manuel López Obrador católico, guadalupano, cristiano, evangélico o santero?

Es público que el tabasqueño vivió en la cuenca del Papaloapan, y que ahí su madre, doña Manuelita Obrador, quien pertenecía a la Iglesia Adventista del Séptimo Día, ejerció influencia en él y en sus hermanos para que creyeran en la salvación a través de la fe en Jesucristo. Esta influencia quedó clara en marzo de 2018, previo al inicio de las campañas electorales, cuando en un video grabado en su rancho de Chiapas López Obrador declaró considerarse un cristiano "en el sentido más

[1] Blanca Gómez, *¿Y quién es? Historia de un hombre enigmático*, México, Planeta, 2005.

amplio de la palabra, porque Cristo es amor, y la justicia es amor".[2]

Al mes siguiente, en abril de 2018, cuando asistió a la Conferencia del Episcopado Mexicano en Lago de Guadalupe, Estado de México, dijo ante la mayoría de los obispos del país: "Sí, soy católico. Mi vida ha estado relacionada con la Iglesia católica y hasta fui acólito". Luego agregó: "*Me gusta decir* que soy cristiano", pero, cuestionado, acotó: "Todos los católicos somos cristianos".[3]

En junio de 2021, ya como mandatario, un reportero le preguntó a AMLO en una de las mañaneras si profesaba o practicaba la fe católica, a lo cual respondió:

Yo soy cristiano y quiero también aclararlo. Hay en la Iglesia evangélica una denominación cristiana, pero mi cristianismo o lo que yo practico tiene que ver con Jesús, Cristo. Creo que es el luchador social más importante que ha habido en el mundo, en la tierra. Por eso los poderosos de su época lo seguían, lo espiaban y lo crucificaron, porque él era amor y profesaba un profundo amor a los pobres, a los débiles, a los humildes.

Conociendo su ego, López Obrador se estaba retratando tal como se siente: bendecido y perseguido por su supuesto gran amor hacia el pueblo, al cual manipula con dádivas y dinero para satisfacer sus objetivos políticos; es decir, el amor también es

[2] Jorge Monroy, "En Semana Santa, AMLO pide diálogo entre religiones", *El Economista*, 29 de marzo de 2018.
[3] "Soy católico, pero cristiano por votos: AMLO", *Zeta*, 28 de septiembre de 2020. Las cursivas son mías.

cash y votos. Para sumar, esta idea delirante de su papel como guía espiritual ha sido promovida por figuras como el sacerdote católico Alejandro Solalinde, quien llegó a afirmar que López Obrador poseía "rasgos muy importantes de santidad".[4]

Durante sus constantes giras a lo largo y ancho de la República, antes de llegar a Palacio Nacional, López Obrador despertó ambiciones en diversas figuras de la política y la religión. Desde 2017 ya se preveía que el tabasqueño finalmente ganaría la presidencia, y algunos se lanzaron a pescar su alma. Usaron una narrativa de divinidad, sabiendo que esto haría que el líder de Morena se sintiera más cercano a ellos.

Para comprender mejor la relación pragmática y ambigua de López Obrador con el ámbito religioso, es esencial considerar su vínculo con dos personajes de distintas afiliaciones: Hugo Eric Flores Cervantes, líder de la Iglesia Casa sobre la Roca, y Arturo Farela, pastor evangélico, quien ostenta el cargo de presidente de la Confraternidad Nacional de Iglesias Cristianas y Evangélicas (Confraternice).

Hugo Eric Flores: la voluntad de Dios

Hugo Eric Flores, despreciado por numerosos cristianos evangélicos, cautivó al entonces candidato al endulzarle el oído con afirmaciones de que era el enviado de Dios. López Obrador se sintió investido con la túnica de Jesucristo y cedió ante los halagos de este charlatán, quien, junto con algunos pastores de su

---

[4] "¿AMLO tiene rasgos políticos de santidad?", *El Financiero*, 28 de diciembre de 2021.

Iglesia, lo consagró en un ritual en el cual se dice que el presidente entró en trance.

Mientras redactaba este libro recibí un correo que llamó poderosamente mi atención. Cristianos evangélicos de Morelos y de la capital del país me relataron un ritual en el cual el presidente López Obrador aceptó con satisfacción ser "bautizado" por varios pastores y por el propio dirigente del Partido Encuentro Social (PES), Flores Cervantes. Los líderes religiosos impusieron sus manos sobre la cabeza del tabasqueño, afirmando que Dios lo había elegido como el iluminado encargado de liberar a México de la corrupción. Lo llamaron "mesías" y "elegido del Altísimo".

El tabasqueño escuchó en un silencio religioso y comenzó a temblar de pies a cabeza, embargado por la divinidad que los presentes en esa reunión le otorgaron. Muy probablemente, en ese momento el presidente creyó de manera genuina que era un ser celestial, un "luchador social" tal como él mismo define a Jesucristo, y que su propósito era "transformar" a nuestro país. Con un gesto elocuente de predicador, López Obrador llegó a pensar que tenía la aprobación del Creador para tomar decisiones sin restricciones, como está haciendo en la actualidad. "Tú serás —le manifestaron— quien guíe el destino de los mexicanos, y si en este camino surge la muerte, será la voluntad de Dios".

A lo largo de sus campañas presidenciales Andrés Manuel ya había recibido muestras de otros charlatanes que usan la religión para acercarse al poder y obtener posiciones estratégicas y beneficios económicos.

"Nada de lo que suceda debe afectarte ni generarte cargo de conciencia, porque todo, absolutamente todo lo que hagas como presidente, será voluntad de Dios", le aseguraron, mientras con gran devoción le besaban la mano. Amparado en esto, el mandatario asegura, cada vez que hay una masacre o muertes a consecuencia de su política de "abrazos y no balazos" con el crimen organizado, que duerme con la conciencia tranquila. Esto es porque, en su creencia de que es un ser iluminado, simplemente tiene que hablarle a Dios Padre para pedirle absolución y todo le será perdonado.

Aquel correo me llevó a buscar a otros cristianos evangélicos para preguntarles si, en efecto, había sucedido ese ritual. No solo me lo confirmaron, sino que también me dijeron que Hugo Eric Flores era un hampón, dueño de una buena oratoria que logró ganarse la confianza de varios presidentes. A partir de ahí ascendió a puestos políticos en el gobierno federal. Más tarde, en la Ciudad de México, durante la administración de Marcelo Ebrard, este le confió la tarea de crear el PES para usarlo en sus ambiciones presidenciales.

Denostado por Felipe Calderón y Enrique Peña Nieto, Flores encontró refugio en los brazos de Ebrard, a quien finalmente traicionaría al quedarse con el PES. El partido le otorgó una suma considerable en prerrogativas, pero terminó perdiendo el registro en las elecciones intermedias de 2021.

Al asumir la presidencia, López Obrador designó a Flores superdelegado federal de la Secretaría de Bienestar en Morelos. Para ese momento, se dice que el evangelista ya había establecido una red de corrupción en la región. En 2018 el PES postuló a Cuauhtémoc Blanco como candidato a gobernador del estado, pero años después se le acusaría de deslealtad y de cometer actos corruptos durante su mandato. En su defensa, el futbolista argumentaría que Flores le había exigido millones de pesos del presupuesto estatal "con el propósito de salvar al partido" de la pérdida de su registro.[5]

ARTURO FARELA: AMIGO Y HERMANO EN LA FE

La cercanía de López Obrador con agrupaciones evangélicas durante la campaña electoral de 2018 no se limitó a una simple expresión de empatía personal en la que compartiera su fe. Más bien se trató de una estrategia destinada a preparar el terreno para que una organización como Confraternice desempeñara un papel fundamental como promota de la ideología de la 4T.

En agosto de 2019, en entrevista con Adela Micha, Arturo Farela habló de la amistad y la confianza que le ha brindado el presidente López Obrador, porque le ayudó en diferentes programas sociales:

[Estamos trabajando en] 28 programas sociales, pero no es solo mi persona, sino son millones y millones de cristianos evangélicos, que son gente honrada, gente capaz, gente leal, que pueden servir a la nación sin ningún problema; y quiero enfatizar que no recibo salario del gobierno federal; todo [en] lo que me ha pedido el presidente que lo apoye es de manera gratuita, y lo seguiré haciendo.

Tan solo a principios de 2019, miembros de la comunidad cristiana evangélica llevaron a cabo la predicación de la deno-

---

[5] "Líder del PES en Morelos acusa a Cuauhtémoc Blanco de 'corrupto' y ser 'generador de violencia'", *Animal Político*, 17 de enero de 2023.

minada *Cartilla moral*, la obra original de Alfonso Reyes, ante un grupo de 7 mil jóvenes que formaban parte del programa Jóvenes Construyendo el Futuro.[6] Ese mismo año Farela solicitó evaluar la posibilidad de entregarle a Confraternice concesiones de radio y televisión. Por si fuera poco, el pastor evangélico llegó a decir que hacía oración con López Obrador en Palacio Nacional. "[El presidente] es un hombre que no necesita de sacerdotes, pastores o rabinos. Habla con Dios directamente como cualquier otro ciudadano lo puede hacer. No soy su pastor. Soy su amigo y su hermano en la fe".[7]

No cabe duda de que el tabasqueño ha sabido manejar muy bien este juego con el sector religioso, y desde la campaña presidencial se posicionó como el gran líder de la revolución de las conciencias. Su libro *2018, la salida*, donde plantea su pensamiento político, económico, social, pero sobre todo moral, inicia con un párrafo memorable:

En 2024 tendremos una sociedad mejor, no solo por lo que vamos a construir entre todos y desde abajo en el plano material, sino por haber creado una nueva corriente de pensamiento, por haber consumado una revolución de las conciencias que ayudará a impedir, en el futuro, el predominio del dinero, del engaño y de la corrupción, y la imposición del afán de lucro sobre la dignidad, la verdad, la moral y el amor al prójimo.

[6] Amílcar Salazar Méndez, "'Evangelizan' a 7 mil jóvenes con Cartilla Moral", *El Financiero*, 4 de diciembre de 2019.
[7] Rubén Aguilar, "El guía espiritual del presidente", *El Economista*, 10 de febrero de 2020.

El discurso hiperbólico generó mofa y críticas entre sus adversarios. Algunos señalaron que Moisés, Cristo, Buda o Marx habían sido más modestos y no habían pretendido llevar a cabo un cambio económico, social y moral de tales dimensiones en tan solo seis años. Este era en verdad el peligro de AMLO, decían, "no solo lo irreal y sin fundamento de sus promesas económicas y sociales, sino el pretender ser un nuevo mesías, un nuevo redentor".[8]

Este es el personaje que vive en Palacio Nacional y persiste en imponer su propia moral a la gente, incluso recurriendo a la persecución y la represión, como se ha visto en la lucha feminista. Aspira a emular al presidente Juárez y usa categorías políticas del siglo XIX al presentarse como *liberal*, pero en realidad sus políticas son más cercanas al *conservadurismo*. Es evidente que nunca podrá alcanzar el impacto histórico de Juárez, quien respetaba con rigor la separación entre Iglesia y Estado, y nunca habría afirmado públicamente ser católico, cristiano o evangélico, ni habría expresado admiración por Cristo Jesús.

EL PODER DEL AMULETO

La pregunta persiste: ¿quién es realmente Andrés Manuel López Obrador? Entre sus opositores existe un consenso que lo retrata como un líder mesiánico, quien se mira en el espejo y cree llevar sobre su cabeza una corona de espinas. Incluso en su propia familia, algunos comparten una perspectiva crítica. "Él no es Dios para creer

---

[8] Demetrio Sodi, "'La república amorosa' de AMLO", *El Heraldo de México*, 24 de julio de 2017.

que tiene la verdad absoluta", dijo su hermano Pedro Arturo en una entrevista en 2016. En aquel entonces, en el contexto de las elecciones para gobernador en Veracruz, Pedro Arturo brindó su apoyo al candidato priista Héctor Yunes Landa, lo que llevó a AMLO a tacharlo de "traidor" y de estar alineado con los corruptos. Pedro Arturo consideró que la actitud de Andrés era "egoísta". Y agregó: "A propósito de lo que dice de nosotros, de los hermanos, si ha habido oportunismo, ha sido por parte de él. Él se compara con Vicente Guerrero, dice que la patria es primero, pero no, la verdad es que su filosofía es la del *yo-yo*, yo primero".[9]

En aquel momento el "hermano incómodo", ingeniero de profesión, cuestionó también la fuente de ingresos del presidente y sus lujos: él vestía trajes de Hugo Boss, mientras sus hijos disfrutaban de costosos lugares de vacaciones con tenis y ropa sumamente cara.

A pesar de que esta controversia familiar tiene un trasfondo político, marcada por la lucha de intereses personales, ya que Pedro Arturo también ha sido objeto de diversos señalamientos, incluyendo licitaciones amañadas,[10] la descripción de su hermano es la de un testigo privilegiado, alguien a quien nadie podría desmentir: Andrés Manuel es maestro del "doble discurso".

Y lo mismo sucede con su perfil religioso. Andrés Manuel es un católico camuflado de evangélico y cristiano, que así como se ha hecho limpias y le ha pedido permiso a la madre tierra para devastar la selva, también ha recibido amuletos de los santeros.

[9] "'AMLO no es Dios ni tiene la verdad': Arturo López Obrador", *El Universal*, 28 de mayo de 2016.
[10] Ricardo Alemán, "El hermano incómodo de AMLO y sus 'bisnes'", *La Otra Opinión*, s. f.

"A donde quiera que voy me limpian, y para mí es un orgullo porque es parte de nuestra cultura, de nuestras tradiciones, de nuestras costumbres, es el México profundo", llegó a decir el presidente en una conferencia matutina donde se burló de Pedro Ferriz de Con, quien ha afirmado que en Palacio Nacional se practica santería, brujería, magia negra y rituales de muerte.[11]

Entre todos los rumores, lo que se sabe con certeza es que hace algunos años, a través de César Yáñez, el actual subsecretario de Desarrollo Democrático, Participación Social y Asuntos Religiosos de la Secretaría de Gobernación, un santero conocido como Jorge le envió a AMLO varios objetos de protección. El propósito de estos era asegurarse de que sus oponentes políticos no pudieran dañarlo y evitar que el poder se le escapara de las manos, como ocurrió en 2006 cuando perdió la elección presidencial.

Yáñez, quien posiblemente todavía practica la santería, mantuvo una relación cercana durante varios años con ese santero, a quien se refería como su "padrino". Este santero afirmaba tener la capacidad de comunicarse con los muertos que en vida fueron criminales, y a través de su intercesión en la tierra ayudaba a hombres y mujeres a alcanzar sus objetivos de vida. Esto serviría para redimir sus acciones terrenales y encontrar la paz en el más allá o, más precisamente, en el inframundo, donde, según él, residían los espíritus de asesinos seriales, violadores, secuestradores y narcotraficantes.

Jorge atendía en un pequeño cuarto de servicio en su casa en Tlalnepantla, Estado de México. En ese lugar tenía una gran

[11] Eduardo Dina, "AMLO y Beatriz Gutiérrez Müller se pitorrean de supuesta santería en Palacio Nacional", *El Universal*, 25 de enero de 2023.

cantidad de objetos extraños que creaban la atmósfera adecuada para atender a sus clientes, la mayoría de los cuales eran políticos. Hablaba con gran rapidez, sostenía la mirada del paciente y en segundos le informaba sobre la carga que llevaba y la cura necesaria para aliviarla. Durante un ritual, Jorge trazaba un círculo en el suelo con alcohol, lo encendía y hacía entrar al "ahijado". Mientras entonaba cánticos extraños, lo limpiaba con un huevo que luego colocaba en un vaso de agua. Según él, en el agua se podía ver la negatividad que cargaba el individuo. En ocasiones, durante el ritual, se quedaba en silencio por unos momentos para comunicarse con algún espíritu recién llegado, y así determinar cómo eliminar las energías negativas y asegurar el éxito del camino de su "ahijado".

De esta manera, durante años, el actual subsecretario de Gobernación salía de sus encuentros con su padrino llevando pulseras o collares que el mismo santero fabricaba. Supuestamente, estos amuletos le servían al otrora candidato para protegerse de las traiciones de sus compañeros de partido y de los políticos de oposición que intentaban impedir su ascenso a la presidencia. Además, el santero le otorgaba "sabiduría" para enfrentar el mal que lo rodeaba. En varias ocasiones Jorge le sugirió a César llevar a AMLO para someterlo a un baño ritual en un río durante una noche de luna llena, usando la sangre de animales adquirida en el mercado de Sonora. Sin embargo, la respuesta de Yáñez siempre fue la misma: "Jamás vendrá, yo le llevaré las protecciones".

3

El *compló* de Ahumada y los fantasmas
del pasado

Hay fantasmas que nunca se van. Y no me refiero a algo sobrenatural, sino a personas vivas que son una pesadilla para otros. Uno de ellos es Carlos Ahumada Kurtz, el empresario argentino que convulsionó al gobierno de Andrés Manuel López Obrador hace casi dos décadas en el Distrito Federal (2000-2005). López Obrador ha negado conocerlo personalmente, a pesar de que sus colaboradores cercanos, René Bejarano, Gustavo Ponce y Carlos Ímaz, fueron evidenciados recibiendo dinero en efectivo en sobres y maletas, lo que originó los famosos videoescándalos de 2004.

El presidente López Obrador debe de sentir escozor al oír el nombre de Carlos Ahumada. Desde luego, el rencor nació desde que el empresario lo señaló públicamente como el jefe de un grupo de corruptos.

Durante la promoción de *El rey del cash* recibí un mensaje en una de mis redes sociales. Las primeras líneas lo decían todo: "Fui alguien muy cercano a Carlos Ahumada, y tengo una historia que contar. El presidente López Obrador siempre dijo que no lo conocía, pero en realidad fui yo quien, siguiendo las instrucciones de Ahumada, preparó su avión para el funeral de su primera esposa". De inmediato le pedí su número de teléfono para escuchar lo que ahora cuento en estas páginas.

Todos los datos proporcionados por este informante, al que llamaré Pedro para proteger su identidad, los verifiqué mediante conversaciones con otras personas involucradas de alguna manera en aquel escándalo que resultó un presagio de la corrupción que actualmente impera en la presidencia de López Obrador.

Los videoescándalos se convirtieron en un punto de inflexión en la vida pública del país y en la trayectoria política de López Obrador. Gracias a Pedro, ahora tenemos evidencia que vincula al presidente en funciones con Ahumada. Esta conexión se vuelve aún más significativa cuando recordamos cómo, al ver en televisión a sus colaboradores manejando dinero en efectivo en bolsas y apostando en un lujoso hotel en Las Vegas, el presidente se deslindó enseguida de ellos, asegurando, con la mano en el corazón, que no conocía al empresario argentino y que jamás había tenido relación alguna con él.

Durante la entrevista que sostuve con este empleado cercano a Carlos Ahumada me aseguró que el presidente de los mexicanos era un "mentiroso", ya que no solo había recibido dinero en efectivo de Ahumada, sino que también con él compartió el dolor de haber perdido a su compañera de vida, Rocío Beltrán, el 12 de enero de 2003, mientras estaba bajo el cuidado de una enfermera en un departamento en Copilco.

Esta historia, además, la he corroborado a través de la revisión de lo publicado en aquellos años y del testimonio del periodista Adrián Rueda, autor del libro *El complot. Dinero sucio en el partido de la esperanza* (Grijalbo, 2006). En esa obra Rueda sostiene que el resentimiento de López Obrador hacia el argentino no solo se debía a los videoescándalos, sino también al temor que surgía de la posibilidad de que Rosario Robles asumiera la presidencia nacional del PRD y, desde esa posición, diera un salto hacia la candidatura presidencial. López Obrador ya había decidido que esa candidatura sería suya, y consideraba que Robles, con el respaldo económico de Ahumada, representaba una amenaza a su ambición política.

Pedro me contó cómo Carlos Ahumada comenzó su negocio de obra pública, una historia que se origina en una modesta oficina situada detrás del World Trade Center, en la avenida Insurgentes de la Ciudad de México. Ahumada, según Pedro, operaba desde un modesto Volkswagen, con tan solo un capital de ocho camiones de volteo. Pero lo que le faltaba en recursos financieros lo compensaba con una astucia y labia extraordinarias para establecer contactos con políticos del PRD que estaban ascendiendo en la Ciudad de México, luego de la victoria de Cuauhtémoc Cárdenas en la jefatura de gobierno.

Sin embargo, el verdadero auge de Ahumada llegó durante el gobierno de Andrés Manuel López Obrador, cuando el argentino, prácticamente sin recursos, comenzó a ver crecer sus negocios. Su estrategia era participar en las licitaciones para proyectos de construcción en las distintas delegaciones, ganar con ofertas competitivas y luego jinetear el dinero que los delegados le entregaban para cumplir con los contratos. A cambio, generosas comisiones fluían hacia los funcionarios públicos que lo contrataban.

Hacia el año 2000 Ahumada solo tenía contratos de obra pública en las delegaciones gobernadas por el PAN, Álvaro Obregón y Cuajimalpa. Su ambición era convertirse en el contratista preferido en las 16 delegaciones políticas, un papel que hoy en día ostenta José María Rioboó. Para lograrlo recurrió a Gustavo Ponce, el entonces secretario de Finanzas de López Obrador. Por medio de él solicitó permiso para entrar en las otras demarcaciones, por supuesto, "arreglándose" económicamente. Según

Pedro, Gustavo Ponce, el ávido jugador que frecuentaba el hotel Bellagio en Las Vegas, fue quien presentó al argentino con AMLO, recomendándolo como el mejor empresario en la construcción de obras. Con Ponce, me dijo el informante, comenzaron a fluir discretamente los envíos de dinero al entonces jefe de gobierno.

Sin embargo, Ahumada necesitó muchos meses para ganarse la confianza de López Obrador a través de los pagos en efectivo que entregaba, ya fuera de manera directa o con intermediarios como Ponce y, posteriormente, René Bejarano. Según me explicó Pedro, la desconfianza era mutua. Ahumada y López Obrador compartían ciertos rasgos: ambos se habían empoderado gracias a su labia, usando a algunas mujeres que los consideraban "muy guapos" y corrompiendo a aquellos que ocupaban cargos en las delegaciones o aspiraban a destacar en la política de la Ciudad de México.

Un día, asegura Adrián Rueda, durante uno de los eventos en el Zócalo, típicos de los organizados por el mandatario como asambleas informativas, Carlos Ahumada reunió a un gran número de personas con camisetas de apoyo al líder tabasqueño. Al finalizar el acto Andrés Manuel se acercó al argentino, le estrechó la mano y le agradeció por su respaldo.

Sin embargo, cuando estalló el escándalo el actual presidente de la República juró repetidamente que no conocía a Ahumada y que no tenía ningún tipo de relación con él. López Obrador montó un show mediático de indignación, diciendo que todo era un *compló*. De inmediato aplicó su mantra: "Si te descubren, te echas la culpa y te quedas callado". Así se forjó una imagen de víctima, herramienta que usó durante muchos años para ganarse la confianza de millones de mexicanos.

El 12 de enero de 2003, cuando murió Rocío Beltrán, Pedro se encontraba en la ciudad de Toluca supervisando el mantenimiento del avión particular matrícula XATVX del argentino. En ese momento una llamada de su jefe lo apuró; en dos horas debía tenerlo listo porque volaría hasta Villahermosa para asistir al sepelio de la esposa del jefe de gobierno. A su lado se encontraba Miguel, un técnico que instalaba un sistema de audio en la aeronave. Minutos después llegaría el piloto conocido como el Capitán Viejo, quien a las 4:00 de la tarde llevó a Ahumada y a Lidia Uribe, su secretaria privada, a Tabasco, de donde regresaron al día siguiente.

Según el testimonio de Pedro, Ahumada viajó al estado donde nació el presidente en varias ocasiones, siempre tratando de mantener un bajo perfil para evitar que los medios se dieran cuenta de la relación que tenía con el político que gobernaba el Distrito Federal.

Una de esas visitas se produjo cuando Andrés Manuel López Obrador impulsó a otro empresario amigo suyo, César Ojeda, para que fuera el candidato del PRD al gobierno de Tabasco. En su característica generosidad, el argentino pagó entre 80 y 120 camionetas para apoyar al candidato en todos los municipios de la entidad. A pesar de que Ojeda no ganó, esto no desanimó a Ahumada, ya que fue enviado a respaldar a otro cercano de López Obrador, Lázaro Cárdenas Batel, en su campaña para la gubernatura de Michoacán. Al ganar la gubernatura, Cárdenas retribuyó al argentino con numerosas obras, y Ahumada aumentó su riqueza.

Lo que desconocían López Obrador y los beneficiados de Carlos Ahumada era que este último, como medida de precaución ante posibles traiciones, grababa todos sus encuentros al inicio, durante y al término de cada campaña.

Agradecidos por el apoyo incondicional de Ahumada, las puertas se le abrieron en donde más deseaba: en la capital del país. Fue así como Ramón Sosamontes, entonces delegado de Iztapalapa, le otorgó todos los contratos para llevar a cabo obras que, según me relató Pedro, eran fraudulentas. Ahumada colocaba un piso de cemento por encima de pantanos, minas y hoyos, con lo que ocultaba estos defectos. Todo esto, sin excepción, era del conocimiento de López Obrador, quien recibía a Ahumada en sus oficinas en el Antiguo Palacio del Ayuntamiento.

Carlos Ahumada, amante de lo que le generaba dinero, se convirtió no solo en el constructor predilecto de los delegados, sino también en anfitrión por excelencia. Cada contrato multimillonario se celebraba con fastuosas fiestas, donde los perredistas disfrutaban de comidas y cenas que rivalizaban con banquetes de la realeza. Para Ramón Sosamontes, Ahumada organizó un deslumbrante evento de celebración de un 15 de septiembre, con la cantante Dulce como invitada estelar.

En ese momento ya tenía bajo su influencia Álvaro Obregón e Iztapalapa, y continuó extendiendo su alcance a Tláhuac. El argentino recibía adelantos de 100 millones de pesos para proyectos de construcción o reparaciones escolares que muchas veces quedaban sin ejecutar hasta un año después de recibir los fondos. Su habilidad para jinetear el dinero público era asombrosa.

En tan solo dos años de cercanía con el círculo de López Obrador, Carlos Ahumada pasó de su modesta oficina en Insurgentes a un edificio propio en avenida Revolución y Altavista. Su parque vehicular modesto se transformó en una flota de camionetas Suburban, Mercedes Benz y BMW. Tenía tanto dinero proveniente del gobierno perredista que en una ocasión, según me contó Pedro, chocó una camioneta valuada en más de 1 millón y medio de pesos, y al mes ya la había reemplazado.

Luego adquirió un avión y se asoció con el ya fallecido capitán Jorge Roaro. En dos o tres años también compró un lote de camiones de volteo. "La manera en que creció fue impresionante", me dijo Pedro, a quien se le encargó el blindaje de los vehículos y la logística para las actividades de Ahumada.

El exempleado me contó que varias veces Ahumada lo envió con escoltas a entregar dinero en portafolios a las oficinas de López Obrador. Entraba directamente, sin pasar por ningún filtro ni trámite de registro. "Subía unas escaleras, caminaba por un pasillo, entraba a una oficina y le entregaba el portafolios o lo que Ahumada me daba a René Bejarano".

Convertido en una suerte de Rey Midas, Ahumada comenzó a ser percibido como el gran benefactor. Más adelante decidió que lo mejor era que los políticos ambiciosos acudieran a sus oficinas para recibir el dinero. Así, con las cámaras que le pidió a Pedro que comprara en Perisur, tuvo la oportunidad de grabar al profesor Bejarano, al exsecretario de Finanzas Ponce y al exesposo de Claudia Sheinbaum, Carlos Ímaz.

Pedro asegura haber visto a Claudia Sheinbaum en la oficina de avenida Revolución en un par de ocasiones, siempre acompañando a su pareja. Incluso relata que en una ocasión, después de tomar unas copas, Ahumada le preguntó a Ímaz: "¿Y esta flaca qué onda?". A pesar de algunos comentarios inapropiados, el perredista soportaba todo por el dinero que estaba en juego.

Pedro también me contó que al argentino le gustaba invitar a varios de sus amigos perredistas a celebrar a una de las casonas que tenía en Avenida de la Paz, en San Ángel, donde corría como río bravo el alcohol y las drogas.

Los personajes que visitaron las oficinas de Carlos Ahumada no se limitaban a los que conocimos cuando Brozo reveló el video de Bejarano con las ligas. También pasaron por ahí funcionarios públicos federales y locales, como Martí Batres —el actual jefe de gobierno de la Ciudad de México—, Thalía Lagunes, Ariadna Montiel, Horacio Duarte, Dolores Padierna, Pío López Obrador, Higinio Martínez, Clara Brugada, Alejandro Encinas e incluso Beatriz Gutiérrez, la actual esposa de López Obrador, a quien Pedro vio dos veces en el edificio de Revolución, una en el sótano y otra en el pasillo que llevaba directamente a las oficinas de Ahumada.

El informante reveló que cuando los videoescándalos estallaron y las autoridades irrumpieron en las instalaciones de Ahumada, que incluían sus oficinas y el periódico *El Independiente*, el empresario argentino dio la orden a sus empleados de quemar una gran cantidad de documentos en Mina Los Coyotes, en la delegación Álvaro Obregón. Según Pedro, aunque una buena parte de esos archivos se transportaron en camionetas pickup hasta esa colonia para ser incinerados en tambos, Ahumada todavía guarda mucha información como un as bajo la manga, lista para usarse en caso de cualquier amenaza.

Ante el escándalo que sacudió su reputación política, López Obrador instó a su secretario de Seguridad Pública, Marcelo Ebrard, a convocar a todos los implicados con Ahumada y someterlos a interrogatorios de "policías". Fue la insistencia de Ebrard lo que llevó a Carlos Ímaz a admitir públicamente haber recibido dinero del argentino y a asumir la responsabilidad por el delito que lo persigue. Ímaz optó por mantener un perfil bajo, mientras que su exesposa, Claudia Sheinbaum, quien se benefició del dinero ilícito, se convirtió en una de las favoritas de López Obrador.

Entre todas las intrigas y ambiciones, Rueda asegura en su libro que el "complot" se urdió desde dentro del PRD, en un plan donde participaron influyentes figuras de su dirigencia. Así, el periodista desentraña la intrincada red de corrupción, influencias, amor, poder y dinero que envileció profundamente al partido que originalmente representaba la esperanza y la honestidad valiente.

Aunque siempre queda la sensación de que en este caso aún hay secretos enterrados, las palabras de Rueda y el testimonio de Pedro ponen en evidencia que López Obrador mintió sistemáticamente. No hay duda de que conoció a Carlos Ahumada, y los lazos que los unían eran mucho más fuertes de lo que se había admitido. El flujo constante de dinero que Ahumada canalizó hacia el entonces aspirante a la presidencia, a través de emisarios de su entera confianza, sigue planteando interrogantes incómodas sobre la integridad del actual mandatario.

4

La no primera dama y sus finanzas mágicas

Usted, respetable lector, ¿sabe quién es *Mamado* Nervo? ¿Se imagina al Sol girando alrededor de la Tierra? ¿Qué pensaría de un doctor en literatura que no sabe que el gran escritor Oscar Wilde, autor de *El retrato de Dorian Gray*, nació en Irlanda y no en Estados Unidos? ¿Eso le daría confianza para leer alguna recomendación de esa persona que ostenta un doctorado? ¿Sabe usted que Nelson Mandela no tiene 100 años de muerto y, por lo tanto, en 2018 no pudo haberse cumplido el centenario de su fallecimiento? ¿Se imagina que una experta en teoría literaria sea incapaz de mencionar a un escritor mexicano del siglo xx?

Estos y otros errores garrafales han sido cometidos por Beatriz Gutiérrez Müller, la "no primera dama", cuyo título, por cierto, fue decidido desde la ignorancia de Gutiérrez, toda vez que "primera dama" es un término protocolario republicano y, por tanto, democrático.

Lo cierto es que en estas líneas no hablaré de los desaciertos en datos culturales o históricos de Beatriz Gutiérrez, sino de la doble moral al querer, al igual que su marido, construir en torno a ella una narrativa de honestidad y cercanía con el pueblo a base de engaños.

Cuando el salario mínimo de un trabajador, de esos pobres que ellos usan como estrategia política, es de 6 mil 210 pesos mensuales (en el papel, por supuesto, pues algunos perciben aún menos de 4 mil pesos mensuales), resulta sorprendente que Beatriz Gutiérrez Müller reciba 16 mil 346 pesos mensuales como investigadora nivel 1 del Conahcyt —a cuyo Foro Consultivo acusó López Obrador de delincuencia organizada—, y más de 16 mil pesos mensuales como investigadora de tiempo completo en el Instituto de Ciencias Sociales y Humanidades de la Benemérita Universidad Autónoma de Puebla (BUAP), a pesar de que no se dedica de "tiempo completo" a investigar. ¿Cómo podría ser que la esposa del presidente, quien vive en la Ciudad de México, sea investigadora de tiempo completo en Puebla? Cualquier ciudadano común que hiciera algo similar ya habría sido despedido.

Por estos dos cargos, que nadie sabe a qué hora cumple, la esposa del presidente gana anualmente casi 400 mil pesos. No obstante, ni siquiera si los sumáramos al salario anual de su esposo, alcanzaría para vestir a su hijo con marcas costosas, comprarle más de un par de zapatos que no necesita o pagar hospitales como el Médica Sur. Todo esto parece contradictorio con la "pobreza franciscana" que el presidente les exige a los mexicanos. Además, enviar a su hijo a estudiar a una escuela en Londres es contradictorio con la postura de su esposo, no solo porque estudiar en el extranjero es aspiracional, sino también porque, según las propias palabras de López Obrador, quienes se educan fuera "aprenden a robar".

Los antecedentes de corrupción de Beatriz Gutiérrez Müller se remontan al año 2000, cuando se unió al equipo del entonces jefe de gobierno, Andrés Manuel López Obrador. En ese momento, él la nombró directora de Difusión, encargada del presupuesto para medios de comunicación, dependiente de la Dirección General de Comunicación Social. En un intento por evitar hacer pública su propiedad en su declaración de bienes, Beatriz le vendió un departamento ubicado en el número 415 de la calle Tokio, en la colonia Portales, a César Yáñez.[1]

Ahí aparece el "truco" frecuente entre los morenistas. El departamento fue adquirido de contado por una cantidad de 1 millón 600 mil pesos, significativamente por debajo de su valor real, y posteriormente fue vendido a César por una suma aún menor. Cabe mencionar que ninguno de los dos podría haberse permitido comprar una propiedad de contado con sus salarios, especialmente si César tenía que destinar el 75 por ciento de su salario a una pensión alimenticia.

La ahorradora Beatriz Gutiérrez también poseía otra propiedad valorada en 4 millones 500 mil pesos en la colonia Del Valle, que, según las palabras del presidente, es habitada por hipócritas, conservadores y aspiracionistas. Realizó exactamente la misma operación que con César Yáñez: se la vendió a la mitad de su valor a Julio Scherer Ibarra para evitar declararla en su "3 de 3". Tanto César como Julio siguen involucrados en la red de corrupción que recurre a favores para enriquecerse, favores que a veces incluso implican a sus propios hijos, siempre relacionados con asuntos de propaganda, comunicación, inmobiliarias o el sector turístico.

Ambas propiedades, con un valor combinado de 6 millones 100 mil pesos, fueron adquiridas durante el tiempo en que

---

[1] Lo ocurrido con esta propiedad lo relaté en *El rey del cash*, *cf.* pp. 190-191.

Gutiérrez Müller trabajaba para el gobierno del Distrito Federal, de 2000 a 2004. Durante esos cuatro años ganó 3 millones 242 mil pesos, una suma que, incluso si no gastara ni un centavo en comida, ropa, pasajes, entretenimiento, educación, libros o impuestos, no le habría permitido hacer una inversión de tal tamaño en bienes raíces.

Además de estas discrepancias financieras entre sus ingresos y propiedades, Gutiérrez Müller ha abusado de la base sindical de los gobiernos del Distrito Federal, el gobierno federal y el Ejército, usando a sus trabajadores como niñeras o choferes. Como se detalló en *El rey del cash*, Beatriz es una viajera frecuente y solía dejar a su hijo, cuando era pequeño, al cuidado de otras personas. Su primera niñera de planta fue una trabajadora sindicalizada del gobierno del Distrito Federal llamada Jaqueline, a quien el hijo menor del presidente respetaba y quería, ya que era la única figura cercana a él. Después de ella, varias empleadas asumieron este rol, algunas de las cuales actualmente se encuentran en la nómina del gobierno federal. Incluso la embajadora ante el Reino Unido de la Gran Bretaña e Irlanda del Norte, Josefa González Blanco, actuó como niñera de Jesús Ernesto en Gran Bretaña y hasta le cargó las maletas. En este punto es fundamental recordar que la corrupción implica el uso de recursos públicos en beneficio privado.

Otra forma de corrupción que López Obrador ha criticado de sus antecesores es la colocación de familiares en áreas estratégicas o "rentables". Beatriz Gutiérrez Müller, la esposa del presidente, no es la excepción en este sentido. Su madrastra, Loredana Montes López, quien no tenía experiencia previa en la administración pública más allá de su trabajo como profesora en la Universidad Nicolaíta, ahora ostenta el cargo de directora general del Fideicomiso Centro Histórico, con un salario mensual que supera los 95 mil pesos, lo que se traduce en más de 1 millón 140 mil pesos al año. Para ponerlo en perspectiva, esto equivale a lo que una persona de bajos recursos ganaría en 15 años.

Por otro lado, su media hermana, Jimena Gutiérrez Montes, trabaja como médico "A" en los servicios de salud del gobierno de la Ciudad de México, con un salario mensual de más de 27 mil pesos. Su tía, Lourdes Enriqueta Carmen Gutiérrez Canet, hermana del padre de Beatriz, Juan Gutiérrez Canet, ocupa el cargo de directora general de Energía y Cambio Climático en el estado de Morelos, con un salario que supera los 23 mil pesos mensuales.

Incluso la esposa de su tío, Agustín Gutiérrez Canet, quien en algún momento fue cercano colaborador de Carlos Salinas de Gortari, Martha Bárcena, se desempeñó como embajadora de México en Estados Unidos entre 2018 y 2021. Bárcena tenía un salario mensual de más de 126 mil pesos, lo que significa que en tres años ganó más de 4 millones y medio de pesos, una suma que le tomaría reunir más de 61 años a una persona de bajos ingresos. A pesar de todo, es importante resaltar que Martha Bárcena, con una trayectoria de 40 años en la Secretaría de Relaciones Exteriores, mantuvo una posición crítica en algunos aspectos de la política exterior, e incluso, ya destituida de su cargo, llegó a decir que la diplomacia mexicana se estaba "chavizando".

Finalmente, uno de los casos más destacados es el de Rodrigo Gutiérrez Müller, hermano de Beatriz y militante activo de Morena. Fue acusado por Mexicanos contra la Corrupción y la Impunidad de gestionar 25 millones de pesos para el gobierno de Tamazula, con el fin de saldar una deuda con una empresa privada. Se le vincula con el Grupo LoMedic —liderado por Carlos Lomelí Bolaños, antiguo candidato a la gubernatura de Jalisco por Morena—, una empresa que ha sido señalada por vender insumos médicos con sobreprecio a diversas instituciones del sector público.

La red de corrupción se teje así, con favores que reditúan cash o ganancias ilícitas.

La declaración de bienes de la no primera dama, presentada en enero de 2019, arrojó datos interesantes. Se reveló que posee cuatro propiedades, tres de ellas ubicadas en Puebla y una en la Ciudad de México. El valor total de estos inmuebles asciende a 5 millones 242 mil 737 pesos.

La propiedad en la Ciudad de México, situada en Cuitláhuac 90, en la colonia Toriello Guerra, Tlalpan, cuenta con 100 metros cuadrados de construcción y un jardín de 30 metros cuadrados. Fue adquirida por 2 millones 700 mil pesos. Este precio es notablemente inferior al valor de mercado en una zona donde las casas suelen costar tres veces más.

Además de esta propiedad en la capital y los tres inmuebles en Puebla, posee vehículos, joyas y obras de arte, todo valorado por ella misma en más de 8 millones de pesos. Esto significa que su patrimonio total supera en más de 3 millones y medio lo que habría ganado a lo largo de su vida. Esto sin tener en cuenta los gastos que implicó mantener a su esposo, quien estuvo "desempleado" durante 12 años.

En resumen, teniendo en cuenta sus ingresos, resulta sorprendente que la doctora en letras, apasionada por temas como el pensamiento mágico, religioso y el consumo ritual de plantas, haya logrado acumular tal patrimonio. Quizá sus conocimientos podrían servir para dar clases de economía doméstica.

Por lo demás, la no primera dama ha generado controversia al involucrarse en el Archivo General de la Nación. Entiende que quien controla la información tiene el poder. En su papel como consejera honorífica en la Coordinación de Memoria Histórica y Cultural de México, disuelta por el propio presidente en enero de 2023, que contaba con un presupuesto anual de 32 millones 830 mil 325 pesos, principalmente destinados a gastos personales y apenas una fracción para su tarea real, Gutiérrez Müller hizo un llamado enérgico a proteger el patrimonio histórico y cultural de México.

Esta postura resulta una incongruencia, ya que, desde la Dirección de Promoción Cultural de la Secretaría de Hacienda, Adriana Castillo Román —comadre de López Obrador, amiga íntima de Alejandro Esquer y antigua niñera del hijo menor de la pareja presidencial— fusionó las áreas de Promoción Cultural y Acervo Patrimonial para ahorrar dinero. Esto ha tenido consecuencias negativas, como la falta de mantenimiento de obras de gran valor cultural, como un mural de Diego Rivera, entre otras.[2]

Así que, luego de cifras y cifras que no cuadran, la conclusión es que la frase "amor con amor se paga" parece aplicarse únicamente a las personas cercanas al presidente, como su esposa. Mientras tanto, para el pueblo se percibe que solo hay promesas vacías y un retroceso económico que les impide prosperar, mientras el patrimonio de Beatriz Gutiérrez Müller crece y garantiza su estabilidad financiera.

[2] Véase el capítulo 15, "Adriana Castillo Román: amiguismo y nepotismo", p. 201.

5

El cash viaja en cajas de huevo

Todos pueden estar seguros de que, para mantener su imagen de austeridad e incorruptibilidad, Andrés Manuel López Obrador siempre llevará consigo un billete de 200 pesos. El resto del cash con el que ha financiado sus tres campañas presidenciales, cubierto los lujos de su familia y respaldado a candidatos que luego le han retribuido el favor con creces, lo guardaba en el año 2016 en "cuevas". Estos lugares, en la jerga policial, son casas de seguridad usadas para almacenar dinero, recaudarlo o llevar a cabo actividades de espionaje.

A pesar de que se sabe que hay varias "cuevas" relacionadas con López Obrador en la Ciudad de México, me enfocaré en una de ellas, de la cual obtuve un testimonio directo de Víctor Manuel López Guzmán, quien conoció el lugar debido a un "descuido imprudente" de uno de los colaboradores del tabasqueño. Esta cueva estaba ubicada en la colonia Roma, específicamente en la calle Córdoba 196, en la alcaldía Cuauhtémoc, cuando López Obrador iba por su tercera candidatura presidencial.

Al igual que con otros ciudadanos mexicanos que me proporcionaron testimonios y pruebas de la corrupción del presidente López Obrador, me reuní con Víctor. Durante nuestra conversación me relató cómo el destino lo llevó a ser testigo directo de las actividades de los operadores del presidente, quienes transportaban el efectivo recaudado de funcionarios del gobierno del Distrito Federal y otros benefactores hasta una residencia en la que Francisco Javier de la Huerta Cotero, que había trabajado en la Oficialía Mayor bajo la dirección de Octavio Romero, resguardaba los millones de pesos que se acumulaban cada "lunes de misa".

Víctor, también conocido como Vicho, afirma que en esa residencia de puertas negras llegaron a acumular hasta 500 millones de pesos en efectivo. Según sus palabras: "El cash usado por Yeidckol Polevnsky y Gabriel García tenía como objetivo comprar voluntades. Nunca se reportó al INE, lo que siempre me hizo cuestionar su origen, ya sea del erario público o incluso del crimen organizado. Lo que es cierto es que se manejaron ilegalmente sumas millonarias con el propósito de ganarse la voluntad de los mexicanos".

Toda historia oscura tiene un origen intrincado. Francisco Javier de la Huerta Cotero, quien ocupó en los primeros años del sexenio el cargo de coordinador en la Secretaría de Bienestar, se cruzó en el camino de César Yáñez, actual subsecretario de Desarrollo Democrático, Participación Social y Asuntos Religiosos en la Secretaría de Gobernación. Ambos se conocieron en la Universidad Autónoma Metropolitana-Xochimilco, según le relató Francisco a Víctor.

Fue César quien recomendó a Francisco con la expresidenta de Morena hace casi una década, así como con Gabriel García Hernández, uno de los principales recaudadores y estrategas financieros del círculo cercano de López Obrador.

Francisco Javier de la Huerta Cotero es hermano de Santiago de la Huerta Cotero, quien fue chofer de Gabriel García y ocupó el cargo de director de política social de la Secretaría de Bienestar, donde su hermano Francisco opera para Ariadna Montiel.

Víctor Manuel López Guzmán, un antiguo empleado de la Unidad de Inteligencia Financiera (UIF) de la Ciudad de México y experto en sistemas computacionales de seguridad, conoció a Francisco Javier de la Huerta Cotero en la preparatoria. Aunque sus encuentros fueron escasos, uno de los más notables tuvo lugar en 2016, cuando Francisco lo invitó a comer y, de paso, lo llevó a la residencia de la calle de Córdoba.

Francisco, quien en sus inicios laborales era dueño de una refaccionaria, pasó a recogerlo en una camioneta Highlander azul marino cargada de cajas de huevo en la parte trasera. Al llegar al punto de encuentro, Francisco le pidió a Víctor que lo acompañara a dejar algunas cosas en la colonia Roma antes de ir a comer. Al llegar a la casa de Córdoba, Francisco estacionó la camioneta y le pidió ayuda a Víctor para bajar aquellas cajas que parecían muy pesadas, lo que hizo pensar al testigo que podrían contener documentos o archivo muerto.

En aquella propiedad Gabriel García tenía unas oficinas. Para acceder a la planta alta había unas escaleras estrechas que llevaban a un pasillo y, finalmente, a una oficina, a donde subieron ocho cajas. "Le pregunté qué llevaba —relata Víctor— porque eran realmente pesadas, y él me respondió que documentos, pero cuando acabamos la maniobra abrió una caja y me mostró que estaba llena de dinero, con billetes de todas las denominaciones. Me dijo que llevaba 84 millones de pesos que eran para la campaña".

Las ocho cajas que Víctor y Francisco subieron se sumaron a otras 40 cajas de huevo que se encontraban en una pequeña bodega del lugar, un sitio sucio y descuidado en el que había una fotocopiadora, impresoras y computadoras.

"Sí me espanté, ¡por supuesto! Como trabajé en la UIF sabía perfectamente que si nos agarraban con ese dinero sería bote seguro. Francisco me dijo que tenían más casas de seguridad en la Roma".

Después de esa experiencia, Víctor tuvo contacto con Francisco en un par de ocasiones, pero nunca más aceptó acompañarlo a algún domicilio. Y ahora hace un llamado a reflexionar sobre por qué el partido de los "honestos" ha sido multado varias veces por actos de deshonestidad.

De acuerdo con investigaciones del Instituto Nacional Electoral, los hermanos De la Huerta Cotero participaron en el famoso carrusel del cash que le permitió a Alejandro Esquer Verdugo realizar un depósito por 64 millones 482 mil 760 pesos. Según el documento oficial, Francisco hizo cinco depósitos por un total de 3 millones 166 mil 920 pesos, mientras que su hermano Santiago, entonces chofer y cargamaletas, hizo tres depósitos por un total de 2 millones 133 mil 120 pesos. A pesar de que el origen del dinero es desconocido y supera el monto para ser investigado por el delito de lavado de dinero, ninguno de los dos fue objeto de una indagatoria por parte del Servicio de Administración Tributaria (SAT).

Desde 2020 se sabe que la casa que Andrés Manuel López Obrador usó como sede de su campaña, alquilada por 130 mil pesos mensuales a través de Alejandro Esquer y ubicada en la calle de Chihuahua 216, también en la colonia Roma, pertenece a José de Jesús Hernández Torres, un político que ha trabajado durante años al lado de Manuel Bartlett.[1] Con esta información

[1] "Socio de Bartlett rentó casa de campaña a AMLO en 130 mil al mes", *El Universal*, 10 de mayo de 2020.

en mente, me di a la tarea de investigar si la propiedad en la calle de Córdoba 196 tenía alguna relación con Bartlett, reconocido por el propio presidente como el artífice de "la caída del sistema" en 1988.

Supuestamente, la casa usada para guardar el cash producto de extorsiones, abusos, chantajes y robos no pertenece a Bartlett. Sin embargo, resulta curioso que la sucesión testamentaria de la propiedad haya sido avalada por un notario de Puebla, un lugar vinculado a Bartlett. La propietaria actual reside en Acrópolis, también en Puebla. Uno de los propietarios anteriores renunció a su herencia a favor de la actual dueña del predio, cuyo valor asciende a más de 17 millones 800 mil pesos. Los muros de la casa albergan la historia de todo el dinero que se acumuló durante años y que no fue reportado a ninguna autoridad fiscal.

Francisco Javier y Santiago siguen desempeñando el papel de "recaudadores" y han sido colocados en áreas estratégicas donde pueden continuar manipulando cifras para proporcionar al rey del cash la cantidad necesaria para mantener el lujoso estilo de vida de su familia y financiar campañas en los estados o hacerse de las curules que necesiten ganar.

Ahora los lectores pueden comprender cómo el presidente puede llevar solo 200 pesos en su cartera, mientras que ningún ciudadano común jamás podría permitirse no trabajar durante tantos años y mantener ese nivel de vida.

Según lo que Francisco le contó a Víctor, existen más casas de seguridad o "cuevas" en la colonia Roma, y tal vez en otros lugares. Para eso se requieren cómplices que hoy en día reciben salarios muy altos, aunque no lo suficiente como para llevar el lujoso estilo de vida que cada uno de ellos disfruta. Esto comienza con la figura de la gran recaudadora, Ariadna Montiel.

López Obrador declaró que "bajo ninguna circunstancia el próximo presidente de la República permitirá la corrupción ni la impunidad. Sobre aviso no hay engaño. Sea quien sea será castigado, incluso compañeros de lucha, funcionarios, amigos y familiares. Un buen juez comienza por su casa". Retomando esta frase, sería adecuado instar al presidente a castigar a quienes han sido evidenciados manejando dinero de manera ilegal. Sin embargo, la historia nos ha demostrado que este juez parece ser ciego cuando se trata de quienes roban para él. Esto se debe a que, como ha hecho toda su vida, desea seguir viviendo del sistema y de aquellos que todavía creen que el señor puede subsistir con tan solo 200 pesos en su cartera.

6

¿Bonnie y Clyde?

En la historia, siempre quedó la duda de si Bonnie Parker usó a Clyde Barrow para delinquir como una forma de liberación del yugo y la pobreza de su familia en una de las épocas más difíciles para la economía de Estados Unidos: la recesión de 1929. Pero haya sido o no ella la incitadora, lo cierto es que ambos protagonizaron un trágico episodio en su carrera como ladrones homicidas. Descontando los asesinatos cometidos por Bonnie y Clyde, la administración del presidente Andrés Manuel López Obrador tiene su propia pareja cuestionable: César Yáñez, subsecretario de Gobernación, y Dulce María Silva Hernández, diputada federal.

La pareja que causó controversia al aparecer en la portada de la revista *¡Hola!* debido a su boda en 2018 ha hecho pagos al tío de la legisladora, Santiago, que suman más de 40 millones de pesos en menos de ocho meses, durante los años 2020 y 2021. Estos pagos se hicieron tanto en efectivo como a través de transferencias bancarias, como parte de un supuesto acuerdo para adquirir un terreno de 2 mil 642 metros cuadrados en la calle Vista Volcán 1017, dentro del prestigioso desarrollo La Vista Country Club, en la ciudad de Puebla.

El valor del metro cuadrado en esta zona se estima entre 800 y mil 100 dólares, aproximadamente 22 mil pesos. En este lugar, la pareja Yáñez-Silva está construyendo una casa que supera los 100 millones de pesos en inversión, lo que hace que tanto la Casa Blanca de Angélica Rivera como la Casa Gris de José Ramón López Beltrán parezcan modestas en comparación.

El problema no radica en que estén construyendo una mansión en sí. Más bien el asunto es que ni siquiera combinando sus salarios y adoptando un estilo de vida extremadamente austero —como lo ha promovido Andrés Manuel— podrían costear lo que los poblanos llaman "el dulce palacete". Esta insultante construcción incluirá siete estacionamientos, ocho habitaciones, una estancia de doble altura e incluso un lago artificial, un lujo que solían disfrutar los reyes y emperadores.

Resulta que la legisladora federal, a quien luego de hacer un berrinche le regalaron la diputación plurinominal, ha dejado un sinnúmero de enemigos en su tierra natal, Tlaxcala, donde empleados de la empacadora de embutidos que lleva el nombre de Silva me buscaron para contarme que esta pareja gasta mucho cash de manera descarada. Según ellos, la señora carece de una carrera profesional confirmada: se desconoce si completó la preparatoria y sus afirmaciones sobre ser empresaria no tienen sustento, lo que plantea dudas sobre si dispone de los recursos necesarios para financiar la construcción de su lujosa mansión.

La historia que cuenta la legisladora sobre la supuesta asociación con su tío Santiago Silva es falsa. En realidad, el hermano del padre de la legisladora le vendió el terreno por un total de 60 millones de pesos. Hasta la fecha, Silva y Yáñez han entregado poco más de 40 millones de pesos, ya sea en efectivo o a través de transferencias, al tío Santiago, quien previamente era dueño del terreno en copropiedad con su esposa, Verónica Gómez Leal. La cuestión que se plantea es la siguiente: si el subsecretario y la diputada ganan conjuntamente un salario aproximado de 300 mil pesos al mes, resulta un enigma de dónde obtuvieron hasta 5 millones de pesos al mes para hacer estos pagos al tío.

Los trabajadores de la empacadora también señalan que existe un acuerdo tácito de mantener el secreto, con la consigna de "si nos cachan, nos va mal a todos". Esto podría explicar por qué Dulce Silva se ha atrevido a declarar públicamente que la casa es una inversión compartida entre ella y su tío, y que en algún momento la venderán. Sin embargo, otra pregunta crucial es cómo el tío Santiago declarará los más de 40 millones de pesos que ha recibido tanto en efectivo como por transferencias.

La revelación de este caso se dio gracias a la organización Ambas Manos, que difundió un video disponible en YouTube titulado "La mansión millonaria que construyen en Puebla".[1] En este video, Dulce Silva misma dice que se trata de un negocio en sociedad, aunque no presenta ningún documento que respalde esta afirmación.

Los empleados de la empacadora Silva, cuyos nombres se mantienen en anonimato por preocupaciones sobre su seguridad, compartieron información adicional. Aseguran que la diputada no solo carece de una profesión definida, sino que tampoco es dueña de su propia empresa, a pesar de presentarse como una empresaria exitosa, aprovechando la reputación que su padre tuvo hace años al liderar el negocio, del cual vendió sus acciones hace tiempo.

El trato hacia su tío Santiago es otro aspecto sensible. Según los informantes, la relación entre la legisladora y su tío se ha

[1] https://www.youtube.com/watch?v=JPSvc0qcmHA&t=3s.

vuelto tensa, ya que ella aún le adeuda dinero. Para evitar cumplir con sus obligaciones financieras, la legisladora amenazó a su tío con que César Yáñez lo metería en la cárcel. Esta situación añade más interrogantes a la controversia en torno al financiamiento y la propiedad de la mansión en construcción.

A simple vista, resulta difícil entender cómo Dulce y César pueden costear el lujoso estilo de vida que llevan. La suma de sus salarios no parece ser suficiente para financiar una residencia en La Vista Country Club en Puebla, la educación en una escuela costosa para su hija Estefanía, los frecuentes viajes a Europa —especialmente a París—, la ropa de diseñador que visten y una vivienda en la calle Dumas, en la exclusiva colonia Polanco de la Ciudad de México.

Según los empleados del tío Santiago, el padre de Dulce Silva terminó su sociedad con la empresa hace más de 15 años. Con su liquidación se fue a vivir a Puebla, donde probó suerte con una choricera, pero nunca le dio resultado. El dinero que sus hermanos le dieron por sus acciones se lo gastó con el paso de los años en los excesos de sus hijos. La empacadora quedó a cargo de Santiago y sus hermanas. El tío vive actualmente en Estados Unidos, donde la presión por la vida de lujos de sus hijos lo ha obligado a exigirle a Dulce que le acabe de pagar el terreno o se lo devuelva, por supuesto, sin la lujosa construcción.

La situación se ha complicado cada vez más. Los empleados escucharon —de parte de un trabajador de Santiago— que el tío lleva meses solicitándole a la diputada que complete el pago del terreno. Incluso, ante la falta de pago, en varias ocasiones le detuvo la construcción de la mansión, lo que provocó la ira de Dulce Silva. Esta llegó al punto de amenazarlo con recurrir también a las influencias de su esposo, César Yáñez, con

Marcelo Ebrard, cuando era el titular de Relaciones Exteriores, para impedir que Santiago regresara al país si continuaba presionándola. Dulce llegó a afirmar que César Yáñez le llamaría personalmente para explicar por qué se habían detenido los pagos millonarios.

Lo que resulta incomprensible para los empleados es que la diputada y su esposo le han dicho al tío que, una vez que el dinero "cae" en sus cuentas, deben esperar varios días antes de poder disponer del efectivo o realizar transferencias. Incluso aseguran que la gente de Santiago les ha dicho que la diputada le ha advertido al tío: "Ni a mí ni a ti nos conviene que esto se sepa".

Un dato adicional relevante es que Dulce Silva, quien estuvo presa y enfrentó cargos de lavado de dinero durante la administración de Rafael Moreno Valle, comenzó la construcción del "dulce palacete" sin la autorización de Santiago. Este último incluso ha alegado que la diputada falsificó su firma en varios documentos relacionados con la propiedad.[2]

La empresa a cargo de la construcción, GM Arquitectos, se ha negado a proporcionar detalles sobre el costo total del proyecto, ya que recibieron una advertencia de la legisladora tlaxcalteca de que cerraría la compañía de inmediato si se filtraban estos datos. Por lo tanto, los arquitectos han evitado hablar con los medios poblanos y han remitido a los interesados directamente a la legisladora. Dulce Silva insiste en que esta es una sociedad con su tío, a quien también ha amenazado con tomar acciones en su contra usando su posición como diputada de Morena, además de

---

[2] Fermín Alejandro García, "Dulce Silva, la de la boda fifí, podría construirse una fastuosa residencia en La Vista", *La Jornada de Oriente*, 27 de septiembre de 2001.

ser ahijada del rey del cash, el presidente López Obrador: él y su esposa Beatriz Gutiérrez oficiaron como padrinos de velación en la boda del escándalo.

La descripción que hacen los empleados del tío Santiago sobre Dulce Silva y su esposo es fuerte: los llaman "la pareja de ladrones". Afirman que Dulce ha generado temor no solo en el estado de Tlaxcala —donde fundó una asociación civil como pretexto para acercarse a AMLO cuando era candidato presidencial—, sino que la ha usado principalmente como un trampolín político. Según sus palabras: "N'ombre, la hizo por consejo de un familiar, no es una mujer que ayude a nadie, es una mujer de escándalos y traficante de influencias".

Otro informante cercano a la familia me reveló que en ese momento la diputada no tenía recursos suficientes ni siquiera para la comida que le hizo a López Obrador. Entonces recurrió a préstamos de sus parientes con la promesa de que, si lograba conquistar al tabasqueño, la empresa de embutidos de baja calidad que tenían se convertiría en una de las mejores y experimentaría un crecimiento a nivel nacional. Sin embargo, "nunca logró su objetivo de enamorar al presidente porque siempre andaba acompañado de su esposa, quien le pedía a César Yáñez que atendiera a Dulce, que en ese entonces pretendía ser presidenta municipal de Tlaxcala. Fue así como embaucó al señor que decían era el vocero del candidato presidencial".

En cuanto a la boda que generó controversia debido a la línea de austeridad promovida por el presidente López Obrador, los empleados comentaron que Dulce Silva convenció a varios empresarios poblanos de que le regalaran todo para la celebración: desde los vestidos hasta la fiesta y el viaje de bodas. En resumen, cada uno de los que contribuyeron a la gran fiesta lo hizo bajo la promesa de que su esposo, César Yáñez, les conseguiría contratos lucrativos una vez que asumieran el poder en 2018. Esto también se relaciona con la historia previamente relatada en *El rey del cash* sobre un empresario al que la diputada morenista le pidió que reuniera 50 millones de pesos para la campaña presidencial de López Obrador, en nombre del subsecretario de Asuntos Religiosos, con la misma promesa de futuros contratos para todos los involucrados.

Bajo "secreto de Estado", tanto Yánez como Silva pidieron que sus declaraciones patrimoniales no fueran hechas públicas para evitar que los mexicanos conocieran cuántos bienes tenían antes de obtener el poder y cuántos han adquirido durante estos casi cinco años de administración lopezobradorista. El asunto es que en la zona donde pasan los fines de semana en Puebla, la renta de una propiedad oscila entre los 70 mil y 100 mil pesos. Mientras tanto, su departamento en Polanco, donde residen de lunes a viernes, tiene un valor de 16 millones de pesos. Podría presumirse que los Yáñez-Silva son los propietarios. Y si no lo fueran, pagarían entre 90 mil y 125 mil pesos de renta mensual.

El exclusivo fraccionamiento donde están construyendo el "dulce palacete" es conocido por ser el hogar de los políticos más acaudalados de la región. Sin embargo, también se dice que algunas mansiones pertenecen a líderes del crimen organizado, lo que garantiza una seguridad inquebrantable en la zona.

Otro asunto que el tío Santiago ventiló sobre su sobrina fue que ha falsificado documentos para adquirir otros terrenos en Puebla. Un ejemplo de esto es el caso de Edmundo Tiro Moranchel, a quien le pidió cederle los derechos de una propiedad a cambio de apoyo a su familia y la promesa de sacarlo de la cárcel.

Además, ella le ofreció una suma de 30 millones de pesos cuyo origen no pudo comprobar. Esto dio como resultado el encarcelamiento de Silva desde marzo de 2016 hasta mayo de 2017, bajo cargos de recibir en cesión dicho terreno que previamente les había sido arrebatado a miles de ahorradores poblanos.

Los empleados de la empacadora Silva afirman que Dulce se benefició de la sociedad inmobiliaria que su padre tenía con Tiro Moranchel para obtener el terreno en Angelópolis. Tras su liberación, la diputada federal buscó el respaldo de empresarios poblanos para financiar con 70 millones de pesos la construcción de lujosas viviendas en la propiedad que mantiene a Moranchel en prisión, mientras ella continúa gozando de fuero como diputada federal de Morena. Todo esto ocurre mientras Silva aspira a postularse nuevamente para la gubernatura de Tlaxcala, entidad de la cual huyó debido a las deudas que contrajo con personas adineradas de esa región.

Además de las cuestiones relacionadas con la deuda con su tío, Dulce Silva también enfrenta la situación delicada de su media hermana, Mariela Silva Gasca, quien se encuentra detenida en el Centro de Readaptación Social de Apizaco, Tlaxcala. Mariela está acusada de cometer un fraude que involucra una suma que supera los 70 millones de pesos. Las autoridades la arrestaron cuando, según afirman empleados, intentaba huir hacia Cancún siguiendo el consejo de la diputada.

La difusión en redes sociales de la lujosa residencia de Dulce y César, las declaraciones del tío sobre la posible falsificación de la firma para la construcción en un terreno con dudas sobre su deuda y el conocimiento de transacciones en efectivo y transferencias millonarias deberían ser elementos suficientes para que la Secretaría de la Función Pública investigue a la pareja.

Las interrogantes persisten. ¿Cuál es la fuente de los más de 40 millones de pesos pagados al tío Santiago en un lapso de ocho meses? ¿De qué recursos disponen para la construcción de la impresionante residencia que se destaca entre todas las mansiones de La Vista? ¿Cómo obtienen los fondos necesarios para la decoración, el mobiliario y el mantenimiento de la lujosa propiedad?

Durante su desempeño como coordinador general de Política y Gobierno, entre agosto de 2018 y junio de 2022, César Yáñez percibió un total de 7 millones 044 mil 440 pesos, más aguinaldos de aproximadamente 800 mil pesos por los tres años. Tras su nombramiento como subsecretario de Gobernación obtuvo 1 millón 159 mil 376 pesos en ocho meses. Si se toman en cuenta los dos cargos, todo suma poco más de 9 millones de pesos.

En cuanto a la diputada, desde agosto de 2021 hasta la fecha ha recibido un salario mensual aproximado de 149 mil 763 pesos, y, con el aguinaldo de 2022, su ingreso total asciende a aproximadamente 2 millones 836 mil 238 pesos. En conjunto, el salario de la pareja durante más de tres años se acerca a los 12 millones de pesos.

Y aquí es donde surge la duda —o la magia—: si César y Dulce llevaran un estilo de vida austero, como el que promueve su líder político, incluso reduciendo sus gastos al mínimo, aún no podrían justificar el pago de más de 40 millones de pesos en un lapso de ocho meses al tío Santiago por la adquisición de su terreno.

Además, el comportamiento y la actitud soberbia de la diputada han sido motivo de preocupación, según los informantes, quienes relatan incidentes como el cierre de una calle en Puebla debido a un altercado en una veterinaria. El gato de la diputada sangró durante un corte de uñas, lo que desató su reacción violenta y desproporcionada, y puso en riesgo el funcionamiento del establecimiento. Así se mueve entre Puebla y Tlaxcala: generando temor debido a las presuntas influencias que la diputada posee, así como sus afirmaciones sobre el poder de su esposo, César Yáñez, para tirar negocios y, en el caso del tío Santiago, revocar su visa.

Esto plantea igualmente preguntas sobre cómo una persona que —según los empleados de la empacadora— carece de experiencia laboral formal previa a su cargo puede ejercer funciones de legislación sin la preparación adecuada.

¿Pedirá Andrés Manuel López Obrador que se investigue de oficio este caso o volverá a callar como cómplice de todos los hechos de corrupción cometidos por sus colaboradores y su familia? ¿Será que, al concluir su sexenio, saldrá de su rancho La Chingada solo en ocasiones especiales para celebrar con alegría las comidas que le organicen Silva y Yáñez en el "dulce palacete" de la impunidad? El tiempo nos dará la respuesta.

7

Scherer, vender el alma al diablo

Ser abogado con influencias y socio de unas de las revistas más importantes de México, *Proceso*, le ha permitido a Julio Scherer Ibarra beneficiarse de los gobiernos de la llamada izquierda. La ambición del exconsejero jurídico de la Presidencia es tal que sus tentáculos han involucrado a sus hijos, su primo e incluso algunos sobrinos, a quienes ha "impulsado" a seguir sus pasos.

Desde que Andrés Manuel López Obrador era jefe de gobierno, Julito —como lo llaman todos—, quizá para diferenciar la altura moral con su padre, ya ideaba la creación de diferentes asociaciones civiles y fideicomisos para ganar dinero sin pasar por ninguna supervisión fiscal.

Honestidad Valiente fue una de tantas asociaciones que nacieron en la mente del exconsejero, la cual, como mencioné en *El rey del cash*, servía más para lavar dinero que para recibir aportaciones de los ciudadanos que creían en la supuesta honestidad del tabasqueño. Desde entonces, Scherer Ibarra ha sido protegido del sistema. Lo experimenté en carne propia cuando escribía una columna en un diario y se me ordenó no escribir nada en contra de Julito.

Al igual que el presidente, Scherer Ibarra ha despreciado la ley y la ha usado para fines personales, políticos y económicos en todos los gobiernos de la Ciudad de México. En la actual administración de López Obrador, Julito tuvo un poder absoluto que lo enfrentó con el propio fiscal general de la República, Alejandro Gertz Manero, quien resultó vencedor en esa lucha. Como resultado, el hijo del fundador de *Proceso* tuvo que renunciar. Sin embargo, después usó su revista en contra de Gertz y de la entonces secretaria de Gobernación, Olga Sánchez Cordero, a quienes acusó de conspirar en su contra y de tráfico de influencias, como si él fuera ajeno a tal práctica.

Julio Scherer Ibarra, a pesar de ser "hermano" del presidente, tuvo que salir por la puerta de servicio de Palacio Nacional. Antes traficó con información privilegiada para que sus empresas familiares —en las que están involucrados sus hijos María Renata y Julio Scherer Pareyón, su hermano Pedro Scherer Ibarra, su primo Hugo Scherer, sus sobrinos y quizá hasta su nuera, Ximena Villalobos, hija del secretario de Agricultura y Desarrollo Agrario— obtuvieran jugosos contratos del gobierno por adjudicación directa.

Tal fue el caso de las empresas Tenedora de Proyectos 115 y ANAF Soluciones Estratégicas, que solo en 2019 obtuvieron dos contratos por un monto total de 36 millones 141 mil 522 pesos de la Secretaría de Cultura capitalina, la cual estaba a cargo de Alfonso Suárez del Real en ese momento. Desde 2018 ANAF Soluciones Estratégicas había participado en la licitación para la operación y mantenimiento del Museo Móvil Interactivo de Ciencia de la Secretaría de Ciencia, Tecnología e Innovación de la Ciudad de México, que en ese momento estaba bajo la dirección de David García Junco Machado.

ANAF también contribuyó en la elaboración del protocolo para la ejecución de consultas a pueblos y comunidades indígenas, previo a la expedición de títulos de concesión minera, ordenado por la Secretaría de Economía cuando su titular era el priista Ildefonso Guajardo Villarreal.

El entramado es mucho más sofisticado, pues esta empresa es parte de Stad, una consultora que ha beneficiado al cártel inmobiliario de la Ciudad de México, cuyo consejo administrativo es presidido por Fabián Casaubón Domenzain. Stad y la empresa de los Scherer, padre e hijo, manipularon una consulta de tal forma que las respuestas del Consejo Vecinal Ciudadano, que se oponía a la construcción de la Torre Mítikah en la capital, resultaron a modo y el edificio se construyó. El complejo consume 5 millones de litros de agua al día. Además, es igualmente preocupante que toda esta maniobra económico-política fue apoyada por la ministra plagiaria de tesis, Yasmín Esquivel Mossa, quien tiene una estrecha relación con el cártel inmobiliario.

La página de ANAF Soluciones incluye en sus proyectos festivales de la salud y musicales por los derechos de la infancia, una pista de patinaje y un programa de extencionismo holístico multimedia inca rural (*sic*).[1] Comparte el domicilio con ANAF Energy, una empresa que ofrece servicios relacionados con la tenencia de la tierra, comunidades indígenas, ingeniería social y estrategia de medios, entre otros. El director es Alfonso Caso Aguilar, quien forma parte de una organización extraña y dudosa llamada Instituto de la Mexicanidad.[2] Caso Aguilar fue servidor público durante muchos años, por lo que posee información privilegiada y redes político-empresariales. Ha ocupado cargos como asesor en el Instituto Mexicano de Comercio Exterior, subgerente

[1] http://www.anaf.mx/ y http://anaf.energy/.
[2] https://mexicanidad.org/instituto-de-la-mexicanidad/.

en Nacional Financiera, presidente de la Organización de Preinversión para América Latina y el Caribe, dependiente del Banco Interamericano de Desarrollo, director del fondo de capitalización e inversión del sector rural, director del Sistema de Transporte Colectivo Metro y director general de la Compañía de Luz y Fuerza del Centro.

Además de lo señalado, Julito intentó, desde 2016, a través de otra de sus varias empresas, ADN México/Central ADN, que la entonces Procuraduría General de la República (PGR) contratara sus servicios. Para este tema, buscó el apoyo de Tomás Zerón, extitular de la Agencia de Investigación Criminal y prófugo de la justicia, quien se encuentra en Israel en espera de ser extraditado. La empleada de Scherer, Mariana García Sosa, directora comercial de ADN, señaló a Roberto Cabrera Alfaro, excomisionado Nacional de Búsqueda de Personas Desaparecidas, como el responsable de entregarle 49 mil perfiles genéticos de familiares de víctimas de desaparecidos y de bases de datos oficiales para unificar la información con los perfiles genéticos que ya tenía en su poder Central ADN o ADN México, por sus contratos con fiscalías o procuradurías estatales de Coahuila, San Luis Potosí, Michoacán y Morelos, por mencionar algunas de las entidades federativas que tuvieron relaciones comerciales con esta compañía mexicana.

La acción de querer lucrar con un tema tan delicado como lo es el ADN de los familiares de los más de 109 mil desaparecidos en todo el país pinta de cuerpo entero a Julito, cuya ambición desmedida, quizá el rasgo más fuerte de su personalidad, pisotea el dolor, la desesperación y la desesperanza de miles de padres, madres, esposas e hijos que buscan a sus desaparecidos, mientras él se llena los bolsillos.

Por si esto fuera poco, Julito buscaba también ser el único prestador de servicios para obtener, almacenar y confrontar los datos genéticos de policías y presos de todo el país, según lo reveló el proceso penal 245/2020, en el cual se dictó sentencia condenatoria contra Roberto Cabrera Alfaro, quien resultó culpable, pero ni así pisó la cárcel. La multa impuesta fue de 3 019.40 pesos. Pese a que se reconoció en este una conducta delictiva y dolosa, agravada por ser un servidor público, tuvo el beneficio de la libertad condicional pagando 25 mil pesos. Dicha determinación fue dictada nada más y nada menos que por el afamado juez Felipe de Jesús Delgadillo Padierna, ¡sobrino de Dolores Padierna! Este fue implacable con Rosario Robles por supuestamente tener una licencia con otro domicilio, que resultó falsa y prácticamente "plantada" por la Fiscalía General de la República (FGR). Sin embargo, determinó la no vinculación a proceso de los abogados socios de Julio Scherer Ibarra, así como de los detenidos en un operativo en Tepito contra el Lunares, y del hijo del sanguinario criminal el Ojos, solo por referir algunas contradicciones. Además de Cabrera, ni la empresa ni sus socios han sido investigados. Entre los dueños están Mariana García Sosa, Diego Ulibarri, Hugo Scherer Castillo, Valentina Scherer y Julio Javier Scherer Pareyón.

La carrera político-delictuosa de Julito comenzó aproximadamente en 1977, cuando su padre lo recomendó con Miguel Lerma Candelaria, entonces director de Banrural, para que les diera trabajo al júnior de apenas 17 años y a su novia.

Mientras el padre investigaba a los políticos del régimen, el júnior iba obteniendo, uno tras otro, cargos públicos gracias a los amigos de papá. En 1981, cuatro años después de su experiencia en Banrural y a la edad de 21 años, Julito fue designado secretario particular del temible Javier García Paniagua, quien había sido el director anterior de la Dirección Federal de Seguridad (DFS) y en ese momento era el presidente del PRI. Se dice que a partir de entonces adquirió malas costumbres y desarrolló un intenso amor por el dinero y el poder. Durante el gobierno de Miguel de la Madrid (1982-1988) trabajó directamente con el secretario de Agricultura, Eduardo Pesqueira Olea, quien lo designó gerente del ingenio Yautepec, y posteriormente se trasladó a la paraestatal Nutrimentos.

Con Carlos Salinas de Gortari (1988-1994) ocupó la dirección general de Almacenes Nacionales de Depósito (ANDSA), institución auxiliar de crédito a la cual los agricultores podían entregar sus cosechas en depósito. Después trabajó con Óscar Espinosa Villarreal en Nacional Financiera y en Ruta 100. De hecho, un informe de Julito acabó por convencer a Espinosa de desaparecer la Ruta 100.

El nuevo gobierno de Zedillo trataba de tomar las riendas de un país que había sido impactado económicamente por el "error de diciembre", agitado en lo social tras el levantamiento zapatista del año anterior y atravesado por la crisis política que caracterizó el final del salinismo. En ese contexto, el diagnóstico de Scherer señalaba que Ruta 100 era una bomba de tiempo que muy pronto podría desatar una crisis financiera y política en la capital.[3]

Por supuesto, estimados lectores, este capítulo no es curricular, pero todas las referencias laborales de Julito sirven para

[3] Ernesto Núñez, "20 años sin Ruta 100", *Reforma*, 5 de abril de 2015.

comprender de dónde proviene el abogado que, como indica el título, vendió su alma al diablo, y el entramado de la red de corrupción que le ha permitido acumular una gran fortuna. Su historia es interesante debido a la influencia que su padre tenía con los altos mandos de la política en nuestro país, incluyendo secretarios de Estado y, por supuesto, presidentes de la República. Algunos decían: "Pegaba para que le pagaran".

Siempre bajo el amparo del poder, Julito recibió "apoyo" de muchos priistas, incluido Pedro Aspe Armella, quien lo respaldó para obtener la dirección de la empresa Consorcio Azucarero Escorpión (Caze), propiedad del millonario empresario refresquero Enrique Molina Sobrino. En 1999 Julito se vio involucrado en un escándalo relacionado con "exportaciones virtuales" de azúcar, que resultaron ser falsas y ascendían a más de 114 mil toneladas. Anteriormente, en 1997 y 1998, el consorcio azucarero había cobrado ilegalmente recursos públicos sin cumplir con la normativa vigente y usando un entramado de engaños para generar datos falsos. Esto llevó a que las autoridades federales emitieran órdenes de aprehensión contra funcionarios de Caze, incluyendo a Héctor Sabas Islas, Julio Scherer Ibarra y David Gómez Arnau. Los tres fueron considerados presuntos responsables del cobro ilícito, pero, como ha sucedido en numerosas ocasiones en este país, la red de corrupción y las complejas relaciones, que muchas veces resultan en complicidades o acuerdos secretos, favorecieron a Scherer y la denuncia no prosperó.

Siendo tan acomodaticio como es, en el año 2000 Julito se convirtió en asesor del candidato presidencial del PRI, Francisco Labastida Ochoa. Durante esa campaña, a pesar de ser abogado, Scherer Ibarra se dedicó, en colaboración con Marco Bucio, y alineado con Emilio Gamboa Patrón, a temas relacionados con la información y los medios de comunicación. Desde esa posición, Julito intentaba controlar las entrevistas e incluso desviaba las preguntas de los reporteros cuando resultaban incómodas o comprometedoras para el candidato, siempre aprovechando el prestigio construido por su padre. Como dice el refrán, "como rata que abandona el barco que se hunde", sin ningún pudor, Julito abandonó a Labastida cuando este perdió la contienda, e intentó colarse en la Dirección General de Comunicación Social de la presidencia de Vicente Fox, donde Marta Sahagún lo detuvo en seco.

En paralelo a la campaña de Labastida en el año 2000, Julito fundó su propio despacho de abogados, desde donde brindó asesoría legal por 18 años. Durante ese tiempo fue consultor de Marcelo Ebrard en su mandato como jefe de gobierno del Distrito Federal, lo que le resultó muy lucrativo. Ebrard le confió el manejo de toda la publicidad exterior, lo que generó importantes ingresos para su empresa ISA, mucho cash que tapó Miguel Ángel Mancera cuando asumió la jefatura de gobierno, y más tarde continuó generando ganancias con la administración de Claudia Sheinbaum, quien le otorgó a su empresa todos los contratos para el manejo de la publicidad en el Metro y los túneles vehiculares de toda la Ciudad de México.

Durante la actual administración, Scherer también recuperó la "caja chica" que representa la Central de Abastos donde nombró a Héctor Ulises García Nieto administrador general. Este importante centro de comercio, el más grande del mundo, genera 300 millones de pesos diarios en efectivo, ¡todo en cash! La mayoría de estos recursos aún eran manejados por seguidores leales a Miguel Ángel Mancera, quien logró, a través de Julio Serna (quien fue detenido y luego liberado como parte de un pacto político), la concesión de varias empresas para operar hasta 2027. En la actualidad la Central de Abasto está bajo el control de una incondicional de Claudia Sheinbaum: Marcela Villegas.

En su continuo ir y venir en busca de oportunidades donde hubiera cash, Julito se reencontró con el presidente López Obrador cuando este vivía con su esposa Beatriz Gutiérrez Müller y su hijo Jesús, aún en brazos, en un departamento ubicado en el número 1519 de la calle Heriberto Frías, en pleno corazón de la colonia Del Valle, considerada por el presidente como una zona de conservadores. El departamento, con una superficie de 94 metros cuadrados y escritura pública 9056296, fue vendido por Gutiérrez Müller en 2017 al controvertido abogado por menos de la mitad de su valor. El dinero de la venta fue utilizado por el matrimonio López-Gutiérrez para comprar su casa en Tlalpan, la cual se encuentra muy cerca de Médica Sur y fue adquirida a un precio muy por debajo del valor típico de la zona, lo que sugiere compras y ventas simuladas que aún no han sido investigadas ni por la Secretaría de Hacienda ni por ninguna otra autoridad competente. La compra hecha por Julito le permitió ganarse un lugar en la corte feudal del rey del cash, quien, a pesar de su hipócrita discurso de austeridad, nunca viviría con su familia en colonias como la Morelos o la Bondojito.

En las redes sociales circula un video de 2012, durante la segunda candidatura presidencial de Andrés Manuel López Obrador, en el que se escuchan las presuntas voces de Julio Scherer Ibarra y Julio Villarreal Guajardo, presidente de Grupo Villacero.[4] En el audio de 3 minutos y 58 segundos Julito pide dinero

---

[4] https://www.youtube.com/watch?v=1pCcyQvMaYU.

con insistencia para apoyar a "nuestro amigo". En el audio, Villarreal Guajardo le informa a Scherer que ya ha brindado apoyo y que le entregó 5 millones de pesos a Jesús Zambrano, que fue lo que "le pidió él" (López Obrador). Se puede imaginar la cantidad de información que tiene Jesús Zambrano. Me entrevisté con él y, aunque me aseguró que, por el bien del país, revelaría lo que sabe, la carga de complicidad que lleva es tan abrumadora que simplemente desapareció.

Con la victoria del 1º de julio de 2018 Julito fue nombrado consejero jurídico de la Presidencia, cargo en el que estuvo casi tres años. Durante su tiempo en la Consejería se vio envuelto en varias polémicas, y ahora, fuera del gabinete, también. Tuvo que responder por la omisión en su declaración patrimonial de un departamento en Manhattan, valuado en 1.7 millones de dólares, lo que equivale a más de 32 millones de pesos, es decir, lo que un trabajador, de los pobres del presidente, ganaría con un salario mínimo en 428 años. Aquí viene nuevamente el truco de simulación: Julito se lavó las manos y aseguró que no lo había declarado porque se lo había cedido a su exesposa. En efecto, tras ser descubierto, Scherer creó un fideicomiso y transfirió todos los bienes a su expareja.

En abril de 2021 Scherer se colocó en el ojo del huracán cuando dijo: "A los reporteros hay que taparles la boca", enterrando así la defensa férrea que su padre hizo, en algún momento, de la libertad de expresión.

Por si eso no fuera suficiente, el exconsejero jurídico fue acusado, además, por presionar a legisladores para que se ampliara el mandato de Arturo Zaldívar al frente de la Suprema Corte, la llamada "ley Zaldívar". Porfirio Muñoz Ledo fue uno de ellos. El legislador, entonces morenista, aseguró haber sido acosado por Julito con llamadas telefónicas para apoyar la ampliación de la presidencia de Zaldívar, a fin de facilitarle a López Obrador violar la ley a diestra y siniestra sin que le cayera una lluvia de amparos.

Otro caso en el que Julito se vio involucrado fue en el de la reestructuración de la deuda de OHL, defendida por el despacho de su hermano, Pedro Scherer Ibarra, a quien la empresa le pagó honorarios por más de 200 millones de pesos. A esta red Julito-Pedro se suma su sobrino, quien, como parte del despacho Rivera Gaxiola, Kálloi, Fernández, Del Castillo, Quevedo, Lagos y Machuca, representa a varios accionistas de OHL, de acuerdo con diversos medios de comunicación. Y, ¿adivinen qué? Sí, Julito fue socio de esta misma firma hace varios años. ¿Coincidencia?

La situación de Scherer Ibarra comenzó a complicarse no solo después de ser relacionado con tres carpetas de investigación abiertas por la Fiscalía General de la República, el brazo ejecutor de las venganzas de Andrés Manuel, sino también porque los mismos defensores de esta administración han evidenciado lo que llaman "la enorme red de corrupción de Scherer".

El periodista Hernán Gómez Bruera reveló que Scherer Ibarra funge como interlocutor de políticos y empresarios perseguidos, y explicó uno de los muchos casos en los que el exconsejero se vio envuelto.[5] En este caso, uno de sus socios más cercanos pretendía cobrarle a Miguel Alemán Magnani 40 millones de dólares a cambio de poner en orden su empresa. Se podría suponer que esto se trataba de una mordida o un soborno para agilizar una serie de procesos o influir en jueces.

[5] Hernán Gómez Bruera, *Traición en Palacio*, México, Grijalbo, 2023.

En octubre de 2019 el SAT confirmó que la compañía tenía una deuda acumulada entre 2013 y 2017 que ascendía a 549 millones de pesos, aproximadamente 27 millones de dólares. Tanto Miguel Alemán Magnani como su padre, Miguel Alemán Velasco, eran considerados responsables solidarios de esta deuda. El exconsejero recibió a Miguel Alemán y le hizo recomendaciones para iniciar un concurso mercantil, un proceso mediante el cual una empresa con muchas deudas llega a un acuerdo con sus acreedores para evitar la quiebra. Scherer le recomendó el despacho de Alonso Rivera Gaxiola.

Solamente en la primera etapa, que consistía en el cobro por estudiar el caso, analizar los documentos y presentar la solicitud de concurso mercantil, se pretendía hacer un primer cobro de 9 millones de dólares. Asimismo, debían hacer pagos mensuales de 450 mil dólares durante 24 meses, lo que sumaría un total de 10.8 millones de dólares, además de gestiones extrajudiciales ante las distintas autoridades judiciales correspondientes.

El propio Hernán Gómez ha dicho que el *modus operandi* de Julito era muy parecido al de Humberto Castillejos, el consejero jurídico de Enrique Peña Nieto, pero "aumentado en escala y con una voracidad y torpeza sin límites". Hernán, al igual que muchos otros, incluyendo a personas cercanas al presidente, cree que Julito "terminó cegado por el poder y la ambición".

La ambición de Julito ha sido tan desmedida que no le ha importado arrastrar por el mismo camino a sus hijos y a varios familiares. Entre los numerosos testimonios que me llegaron tengo el relato de un hombre que me contó el "triste" momento en que un empresario lloró desconsoladamente en el estacionamiento de su empresa porque tuvo que enviar, sin opción, 10 millones de pesos a López Obrador para que las autoridades dejaran de presionarlo. Según el informante, el dinero fue entregado a Andrés López Beltrán, con el fin de mantener la dinámica de que "nada pasa por las manos del presidente" y que este pueda seguir afirmando que la honestidad es su ángel guardián. Cuento esta historia con más detalle en el siguiente capítulo.

Este incidente ocurrió en 2021, después de que, casualidad o no, el presidente exhibiera a los hermanos Pasquel Méndez durante una de sus conferencias mañaneras desde el púlpito presidencial.[6] Días después, uno de los hermanos Pasquel Méndez envió el dinero.

¿Qué tienen que ver los Pasquel Méndez con Julito? En realidad nada y todo al mismo tiempo. Los empresarios son propietarios, al igual que los Scherer, de una serie de empresas que han sido favorecidas por los gobiernos federal y estatales. En una de estas empresas, Rack Star, trabajan —o al menos cobran— Julio Scherer Pareyón y Valentina Scherer Navarro, esta última con un salario de 88 391.85 pesos mensuales. Su oficina está ubicada en Lamartine 336, interior 304, en la colonia Chapultepec Morales. Los viajes de ambos a Nueva York, donde Julito tiene el departamento no declarado, eran y quizá todavía son pagados por la empresa de los Pasquel Méndez, conocidos por su interés en los caballos pura sangre y los vehículos blindados. Según los documentos proporcionados por mi informante, los Pasquel Méndez y los Scherer, Navarro y Pareyón, fueron beneficiados con varios contratos, principalmente de publicidad en diversos estados, siempre bajo el amparo del apellido Scherer.

[6] Ezequiel Flores Contreras, "AMLO revela el documento que EU envió sobre García Cabeza de Vaca", *El Financiero*, 20 de mayo de 2021.

¿Será que, desde su púlpito mañanero, el presidente presionó para luego pedir los 10 millones de pesos por los que el empresario lloró? Sería muy aventurado afirmarlo, pero también muy ingenuo descartarlo.

El personaje que Julito se creó como parte de un oscuro entramado de intereses no es producto de la casualidad. Detrás de su ascenso y las actividades cuestionables en las que se ha visto envuelto existe una red de protección y conexiones políticas y familiares que se tejieron a lo largo de su vida, gracias, en buena parte, a su padre, Julio Scherer García. Es innegable el legado periodístico del fundador de *Proceso*, pero tampoco podemos ignorar las numerosas historias que lo rodearon, impregnadas de constantes coqueteos con el poder y el influyentismo.

Esta práctica heredada de obtener beneficios debido a la relación con alguien en una posición de poder vinculó estrechamente a Julito con López Obrador. Y, contrario a lo que podría pensarse, nunca resultó una figura incómoda para el tabasqueño. En septiembre de 2021, al informar en una mañanera que el consejero dejaría su cargo, el propio presidente dijo que Julio era como un hermano para él y que había sido de gran ayuda en el proceso de transformación.

López Obrador destacó que Julito había sido el responsable de elaborar importantes iniciativas de reforma a la Constitución que se alineaban con su proyecto, entre ellas garantizar a los adultos mayores su pensión, becas a los niños con discapacidad y estudiantes, así como la entrega de medicamentos gratuitos.[7] Tiempo después el presidente reconocería que muchas de esas

---

[7] "'Julio Scherer es como mi hermano', afirma AMLO al confirmar su salida; entra Estela Ríos", *Forbes*, 2 de septiembre de 2021.

acciones estaban motivadas por estrategias políticas más que por un genuino interés en el bienestar de la gente.[8]

Además, el presidente subrayó la intervención de Scherer en la resolución para prohibir la condonación de impuestos, a pesar de que ese mismo año su gobierno había condonado casi 8 millones de pesos a Epigmenio Ibarra, figura cercana al lopezobradorismo y gran propagandista del régimen. Asimismo, López Obrador le aplaudió haber elevado a rango constitucional el castigo por corrupción, a sabiendas de que había investigaciones en curso que seguían los pasos al corrupto Julito; y le aplaudió, además, la reforma para la creación de la Guardia Nacional, a todas luces violatoria de la Constitución. Es decir, le aplaudió todo lo legalmente "chueco".

López Obrador sí abrazó a Julito al término de aquella conferencia mañanera, contrario al desaire que le hizo a Tatiana Clouthier, quien sí le ayudó con las "benditas redes sociales" para llegar al poder y nunca estuvo involucrada en ningún escándalo de corrupción.

Sería sano para este país que las autoridades competentes investigaran estos entramados de favores, divulgación adelantada de información y cash por todos lados, así como la posibilidad de que Andrés Manuel López Obrador no sea ajeno a las redes tejidas por su "hermano" Julio Scherer Ibarra. Con este ejemplo puro de corrupción al amparo del gobierno, solo me queda reflexionar que Luzbel también fue un día un ángel. ¿Cuál es en realidad el ángel de la guarda del gran corruptor?

---

[8] "Ayudar a los pobres es una 'estrategia política', dice AMLO sobre el respaldo a su gobierno", *Animal Político*, 4 de enero de 2023.

8

Los hijos extorsionadores del presidente

Andy, pagos a cambio de silencio

En el lujoso edificio de la calle Sócrates 136, en la Ciudad de México, donde se encontraban las oficinas de Gerardo Pasquel Méndez, ocurrió un giro inesperado la mañana del 20 de mayo de 2021. Nadie podía prever que el presidente López Obrador mencionaría su nombre durante la conferencia de prensa matutina. Se le vinculaba con una investigación del FBI por lavado de dinero. La sorpresa era palpable en el lugar.

Lo que ocurrió después resultó aún más inesperado. Cuando terminó la mañanera, el hijo del presidente, Andrés López Beltrán, mejor conocido como Andy, le hizo una llamada a Pasquel Méndez que lo dejó atónito. El júnior le solicitó la suma de 10 millones de pesos a cambio de que su padre no volviera a mencionarlo desde el púlpito presidencial.

Se dice que Pasquel Méndez terminó la llamada con el rostro descompuesto. La ira y el miedo lo consumían por dentro. Sus empleados, presuntos prestanombres de Arturo Escobar, prominente líder del Partido Verde, quedaron perplejos ante la furia de su jefe. Este último, como un león enjaulado, deambulaba frenéticamente por la oficina lanzando maldiciones.

Hasta ese momento, el personal de Sócrates 136 desconocía la razón detrás del enfado del joven empresario, famoso por su afición a los caballos pura sangre y la caza de animales silvestres, en particular los venados, cuyas cabezas disecadas adornaban las paredes de su oficina.

Finalmente, con el celular apretado en la mano, Gerardo se dirigió al estacionamiento privado del edificio. Este lugar era de acceso exclusivo para los hermanos Pasquel Méndez, políticos del Verde Ecologista y selectos invitados que iban a dejar o a recibir cash. El mismo *modus operandi* que López Obrador había practicado durante más de 15 años en su camino hacia la presidencia.

Ya en el sótano, Gerardo habló por teléfono sin preocuparse si estaba solo o no. Le contó a su interlocutor sobre la extorsión de la que estaba siendo víctima por parte de Andy, el segundo de los cuatro hijos del presidente. Sin pedirlo, un chofer se convirtió en testigo involuntario de la conversación.

"Andy quiere que le entregue 10 millones de pesos en efectivo para evitar que su padre me mencione en la mañanera", explicó Gerardo con amargura a la persona al otro lado de la línea. Un sentimiento de rabia por el chantaje lo llevó a tildar a Andy de "naco" que solo había tenido la suerte de que su padre fuera elegido presidente. Si no cumplía con la demanda, según lo que el trabajador escuchó, era probable que desde Palacio Nacional se emitiera una orden para que las instituciones financieras investigaran las operaciones y transacciones relacionadas con sus oscuros negocios, una táctica que también había empleado Julio Scherer Ibarra.

Esa mañana del 20 de mayo de 2021 el presidente López Obrador mencionó concretamente una carta del Departamento de Justicia de Estados Unidos dirigida al titular de la Unidad de Inteligencia Financiera (UIF), Santiago Nieto Castillo. La carta informaba sobre una investigación que involucraba al gobernador panista Francisco García Cabeza de Vaca, así como a su madre, esposa, hermanos, primo y suegro, junto con Gerardo Pasquel Méndez, en una red de lavado internacional de activos. En esta red también se mencionaba a los hermanos de Gerardo, Bernardo y Alfonso Pasquel Méndez.

En diversas conversaciones he sido informada de que hay pocas dudas respecto a la opacidad en los negocios de los hermanos Pasquel Méndez. Mi informante, al igual que muchos otros, pidió mantenerse en el anonimato debido al temor a represalias o venganzas tanto por parte del gobierno como de los empresarios. Este testigo aseguró que los verdaderos propietarios de estos negocios eran los júniors del Partido Verde, quienes usaban prestanombres por todos lados. En ese momento una de sus cartas más fuertes era el gobernador de San Luis Potosí, Ricardo Gallardo Cardona, quien otorgaba contratos millonarios a los hermanos Pasquel, pero indirectamente beneficiaba a los verdes. A la toma de protesta de Gallardo se presentó la plana mayor del Verde, incluido el llamado Niño Verde, Jorge Emilio González.

Dos o tres días después de la llamada de López Beltrán a Gerardo Pasquel el movimiento en las oficinas de la calle de Sócrates era más inusual de lo acostumbrado. Se presentó Arturo Escobar, quien había sido líder nacional del Partido Verde, y se encerró en la oficina principal del edificio de tres pisos. Ahí se reunió la sorprendente suma de 10 millones de pesos en efectivo, listos para ser entregados a Andy.

Con sarcasmo y frustración, los presentes escucharon a los jefes afirmar que ese dinero seguramente terminaría en manos de la empresa de los hijos del presidente, Chocolate Rocío. Más que un negocio familiar, esta empresa ha sido señalada por su implicación en actividades de lavado de dinero, así como por corrupción relacionada con el programa Sembrando Vida y su asesor, Hugo Chávez Ayala, un empresario exportador de cacao.[1]

En la entrevista con mi informante le pregunté quiénes eran los políticos que habían acudido a las oficinas de Sócrates (que, por cierto, habían sido alquiladas anteriormente por el panista Santiago Creel Miranda). La lista era extensa e incluía figuras como Manuel Velasco, exgobernador de Chiapas; Jorge Emilio González; y David León Romero, quien había grabado al hermano del presidente, Pío López Obrador, mientras le entregaba cash para la campaña presidencial.

Pero no terminaba ahí. En esta intrincada red de traficantes de influencias incluso la sobrina del exconsejero de la presidencia, Valentina Scherer Navarro, tenía una oficina de lujo en la que llevaba a cabo sus negocios y movimientos bancarios.

Las oficinas de Sócrates 136, según mi informante, abarcaban dos sótanos, la planta baja y tres pisos más. Contaban con un elevador para seis personas, que solo usaban los directores y visi-

---

[1] Así lo publicó Mexicanos contra la Corrupción y la Impunidad: "El 28 de noviembre de 2021 una investigación periodística reveló que a través del programa Sembrando Vida se inició el cultivo de cacao en Tabasco, pese a que la comunidad no estaba de acuerdo con este cultivo. Esto, probablemente, con la finalidad de beneficiar a Hugo Chávez Ayala, quien era compañero de escuela de Andrés Manuel López Beltrán, hijo del presidente, y con quien presuntamente tiene vínculos empresariales a través de la venta de cacao para su empresa Chocolates Rocío". Diana García Ángeles (coord.), "Familiares de AMLO - Tablero de la impunidad", *Mexicanos contra la Corrupción y la Impunidad*, mayo de 2023.

tantes de alto perfil. Estas oficinas estuvieron ocupadas desde el 28 de febrero de 2017 hasta junio de 2022, cuando, de manera repentina y apresurada, se trasladaron a Sófocles 127.

El testigo cuenta que los sótanos se habían destinado originalmente para los vehículos de los Pasquel Méndez. Sin embargo, los vehículos, protegidos por un blindaje pesado, resultaron ser demasiado para el pobre elevador de autos, que cedió bajo su peso. De modo que los Pasquel Méndez tuvieron que ceder las unidades a sus representantes legales.

En la planta baja dos guardias de seguridad, un hombre y una mujer, vigilaban la recepción. Siguiendo las instrucciones de los jefes, les permitían la entrada sin registro solo a las visitas "importantes". El primer piso albergaba una lujosa sala de juntas para 12 personas, con una imponente mesa y sillas de piel, equipada con una pantalla de última tecnología. Justo al lado, en un área abierta, se encontraba la asistente de los directores. En el lado opuesto las oficinas de los directores y gerentes estaban protegidas por cerraduras con clave de seguridad, pues ahí se resguardaban cajas repletas de cash. Ahí mismo almacenaban rifles y escopetas, destinados a la cacería.

El último piso, un espacio que albergaba una cava de vinos con etiquetas internacionales, se convertía en escenario de celebraciones tras los cierres de negocios millonarios. Aquí, los hermanos Pasquel Méndez se codeaban con políticos verdes, disfrutando de eventos deportivos y brindando por sus éxitos.

El informante revela que, tras pagar la mordida de 10 millones de pesos de Andy, los hermanos Pasquel Méndez dejaron de quejarse y expandieron sus imperios empresariales. Como el que registraron años antes bajo el nombre de "Coto Las Palmas", en la Secretaría de Economía, con la intención de construir varios

resorts destinados a los amantes de la caza de animales, incluyendo especies en peligro de extinción. Según los rumores que
circulaban entre los empresarios y los políticos verdes de las
oficinas de Polanco, para ello se esperaba contar con el respaldo
económico del gobernador Gallardo en San Luis Potosí.

A las autoridades ya no les importó que Bernardo Pasquel
Méndez hubiera sido pieza clave en el "pase de charola" para
asegurar que un candidato del norte del país se convirtiera en
gobernador. Tampoco parecía inquietarles que este político le
otorgara contratos gubernamentales por más de mil 400 millones de pesos a su empresa de medicamentos. Además, tampoco han visto con preocupación las 3 mil hectáreas de la hacienda
Las Palmas, en Tamaulipas, que el empresario ha convertido, con
un prestanombres, en un lujoso destino turístico para la caza y la
pesca inhumanas.

Fotografía tomada de la cuenta de Instagram de Las Palmas Resort, donde se aprecia a Alfonso Pasquel en actividades de cacería.

La relación entre los Pasquel Méndez y López Obrador mejoró mucho después de que el tabasqueño los exhibiera en aquella mañanera. Como una muestra, para quedar bien con el presidente, Bernardo Pasquel Méndez, dueño de Intercontinental de Medicamentos (Intermed), adquirió el equipo de beisbol El Águila de Veracruz y le llevó personalmente la camiseta oficial a Palacio Nacional.[2]

En el mundo de los delincuentes de cuello blanco cambiar de bando cada sexenio es una estrategia habitual. Entregan, a veces con resignación y hasta lágrimas, lo que las autoridades les exigen, sabiendo que al final del día obtienen más de lo que sacrifican. La afirmación de que los más ricos son los más trabajadores es un mito; muchos de ellos amasan fortunas al colaborar con sistemas corruptos.

Según varios informantes que han tenido contacto con los hermanos Pasquel Méndez, Andrés López Beltrán solía operar en el restaurante de mariscos Don Vergas, en la Ciudad de México. Ahí no solo se encontraba con empresarios en aprietos a los que, a cambio de cash, les resolvía sus problemas, sino también con políticos ávidos de obtener cargos públicos o convertirse en diputados o senadores plurinominales. Estos personajes de la llamada "cuarta transformación", que mueren envueltos en la bandera guinda de Morena, le pagaron a Andy una "mordida" millonaria a cambio de favores políticos.

Exmiembros de Morena en Azcapotzalco, quienes prefirieron mantenerse en el anonimato por razones obvias, acusaron a Andy López Beltrán de haberles exigido en 2015, en nombre

[2] Abel Barajas, "Pone FBI en la mira a operador de PVEM", *Reforma*, 22 de mayo de 2021.

de su padre, que la jefatura delegacional le fuera otorgada a Pablo Moctezuma Barragán, hermano de Esteban Moctezuma Barragán. Este último, después de 29 años de militancia en el PRI, cambió de rumbo y se unió a Morena, lo que finalmente lo llevó a convertirse en embajador de México en Estados Unidos, nombrado por López Obrador.

Los recién llegados a Morena en Azcapotzalco, procedentes del PRD y el PRI, se molestaron mucho, ya que deseaban que Laura Velázquez fuera la candidata. Ella ya había liderado la demarcación en el pasado. Tras un tenso episodio, Andy les dijo que, siguiendo instrucciones de su padre, podrían quedarse con tres diputaciones a cambio de 1 millón de pesos cada una. Aunque no está claro si pagaron por las tres posiciones, varios testimonios respaldan esta versión. Como resultado, ese año Laura Velázquez se convirtió en candidata a la diputación federal por el distrito 3 de Azcapotzalco, y hoy ocupa el cargo de secretaria de Protección Civil, a pesar de cuestionamientos sobre su desempeño en grandes desastres que han terminado en tragedias.[3] Por supuesto, ese año la jefatura delegacional fue para Pablo Moctezuma Barragán.

Otro episodio en el que Andy estuvo involucrado fue en la exigencia de "diezmo" al padre de su entonces novia, Moisés Félix Dagdug Lützow. Testigos de Tabasco relatan que entre 2006 y 2009, cuando Dagdug era diputado, le solicitaron una contribución para que el PRD pudiera respaldar el movimiento de Andrés

---

[3] Basta recordar el 15 de noviembre de 2020, cuando, junto con el presidente, observaron desde un helicóptero la inundación que provocaron en las comunidades chontales de Nacajuca y Centla, con el objetivo de evitar que la capital, Villahermosa, se convirtiera en el epicentro de la tragedia. El humanista y su titular de Protección Civil anegaron las tierras de los más pobres.

Manuel. Sin embargo, Dagdug, también empresario de medios, se negó y presentó una demanda. El comunicador causó un gran enojo entre el actual presidente y los líderes del PRD. Esto ocurrió debido a que, como miembro de la Comisión de Energía, llevó a cabo una encuesta telefónica entre los habitantes de Tabasco sobre la reforma petrolera de Felipe Calderón, de la que obtuvo un resultado favorable. Trágicamente, en 2016 Dagdug fue asesinado violentamente en lo que se reportó como un robo.

GONZALO, SUBGOBERNADOR DE PALACIO

Era 15 de junio de 2018. La fecha de la elección presidencial se acercaba rápidamente. En ese contexto, el candidato Andrés Manuel López Obrador hizo una visita a la Universidad Autónoma de Hidalgo. Lo esperaban el rector de la institución, Adolfo Pontigo Loyola, y Gerardo Sosa Castelán, conocido como el Cacique debido a su poderosa influencia dentro de la universidad.

Según informantes morenistas excluidos de las diputaciones locales, Sosa Castelán habría recaudado la impresionante suma de 1 millón 400 mil pesos en efectivo para apoyar al candidato. En aquella ocasión López Obrador iba acompañado por su hijo Gonzalo López Beltrán.

La información que me llegó fue en parte corroborada a través de un video y de la información contenidos en una columna del periodista Antonio Ortigoza Vázquez.[4] Sin embargo, Adolfo Pontigo Loyola negó rotundamente las acusaciones, afirmando

---

[4] Antonio Ortigoza Vázquez, "La detención de la tesorera de la UAEH y el misterio del millón 400 mil pesos", *Expediente Ultra*, 21 de junio de 2018.

que todo lo relacionado con su participación en este asunto ya estaba resuelto y registrado en expedientes.

El cash que el candidato presidencial estaba recibiendo de la Universidad de Hidalgo fue descubierto en circunstancias inesperadas. La contadora de la institución académica, Gabriela Mejía, quien transportaba el dinero en su camioneta, se vio involucrada en un pequeño accidente de tráfico con otro conductor. Este último, molesto por la situación, llamó a su compañía de seguros, lo que resultó en un retraso en el tráfico y la intervención de la policía de tránsito.

Ante este percance, Mejía contactó rápidamente a Agustín Sosa, hermano del Cacique, quien acudió de inmediato al lugar del accidente en un intento desesperado de resolver la situación con el otro conductor. Sin embargo, sus esfuerzos fueron en vano, y al ver que se llevarían la camioneta, le pidió a la contadora que subiera a su vehículo para custodiar las cajas que contenían el dinero.

Lo que comenzó como un simple accidente de tráfico se convirtió en una inusual batalla que duró más de media hora, ya que los empleados de la universidad hacían todo lo posible por ocultar a las personas ajenas a su grupo que transportaban una gran cantidad de efectivo destinada a López Obrador. Con el tiempo, a la escena se unieron otros individuos cercanos a Gerardo Sosa, incluyendo un sobrino, así como directivos de la universidad que intentaron proteger a Gabriela Mejía.

Sin embargo, al sentirse descubierta, la contadora argumentó que el dinero estaba destinado al pago de albañiles que estaban trabajando en la institución. La pregunta obvia surgió: ¿cuántos trabajadores de la construcción se necesitarían para justificar 1 millón 400 mil pesos en efectivo?

En el video, al final se puede observar claramente cómo los empleados de Gerardo Sosa intentan sacar y proteger las cajas que contenían el efectivo para trasladarlas a otra camioneta. En ese momento ya había una multitud de curiosos y también agentes de policía estatales que no entendían lo que estaba ocurriendo.

En el minuto 03:50 del video, después de que el problema no había podido resolverse, aparece en escena Gonzalo, el hijo del presidente López Obrador, acompañado por el hijo de Agustín Sosa. Fue el primero en llegar cuando Gabriela Mejía le llamó para informarle sobre el choque y el riesgo de que se descubriera el dinero en efectivo. Según los informantes morenistas, este dinero sería entregado a Gonzalo López Beltrán, quien, junto con sus hermanos José Ramón y Andrés, había sido designado por su padre jefe de organización del voto en diferentes estados de la República.

El reconocido periodista y director de *Expediente Ultra*, Antonio Ortigoza Vázquez, escribió sobre el asunto:

> En su afán por politizar y encubrir un financiamiento electoral ilegal, Gerardo Sosa Castelán, líder del Grupo Universidad que ha controlado durante décadas la máxima casa de estudios del estado, sale en defensa de Gabriela Mejía alegando violación de derechos humanos e intimidación a los votantes. Sin embargo, no explica por qué sus seguidores intentaron ocultar el dinero que se encontraba en la camioneta de la funcionaria universitaria, involucrada en un incidente de tránsito, y que supuestamente era para el pago de albañiles.[5]

---

[5] *Idem.*

En 2018 el presidente López Obrador tenía excelentes relaciones con Gerardo Sosa Castelán. Sin embargo, algo cambió cuando Santiago Nieto, quien encabezaba la UIF en ese momento, congeló las cuentas de la Universidad de Hidalgo. Esto se debió a que tanto el rector Pontigo Loyola como Castelán fueron descubiertos con cuentas multimillonarias en el extranjero, lo que los llevó a pasar un tiempo en prisión.

Los exmiembros de Morena creen que la molestia del presidente no se debió tanto a descubrir que estos individuos, quienes debían cuidar honestamente el dinero de la Universidad de Hidalgo, tenían cuentas en el extranjero, sino más bien a que la cantidad que le entregaron para su campaña fue bastante modesta: 1 millón 400 mil pesos.

Este episodio parece revelar otra faceta del presidente de México: involucrar a sus hijos en la recaudación de fondos ilícitos y enseñarles la extorsión como forma de vida. Los hermanos López Beltrán, que antes de la presidencia de Andrés Manuel López Obrador no tenían absolutamente nada, aparte del departamento en Copilco donde falleció su madre, Rocío Beltrán, se convirtieron en empresarios acomodados tan pronto como su padre asumió el poder. Desde las sombras que el poder proporciona influyen y manejan todo. Andy y Gonzalo determinan quiénes ocupan los puestos más importantes en la administración de López Obrador, y, en el caso de Gonzalo, los escoltas que protegen al presidente aseguran que él actúa como el subgobernador de Palacio Nacional, donde maneja un presupuesto que se mantiene en secreto.

9

Pruebas, pruebas y más pruebas

"López Obrador prácticamente cobraba moches", esto le escuché decir al exdiputado perredista David Sánchez Camacho, otra víctima y testigo de la corrupción. Testimonios como ese y muchos más me llevaron a la conclusión de que en el gobierno de Andrés Manuel (2000-2006) todo fue moche. Si el personal de estructura quería conservar su trabajo: ¡moche! Si algún candidato del PRD quería una posición: ¡moche! Si algún candidato ganaba por méritos propios, pero necesitaba ser apoyado por el partido: ¡moche!

Es muy claro que los fines de Andrés Manuel López Obrador estaban por encima de la necesidad de quienes trabajaban hasta 15 horas diarias para conservar su empleo, del cual dependía el sustento y bienestar de su familia: comida, educación y vestido.

Muchos dudaron de la posibilidad de que el tabasqueño hubiera ordenado que se instituyera el vulgar e ilegal moche sobre los salarios del personal de estructura. Sin embargo, hoy hay la certeza de que esta práctica ilegal se ha ido perfeccionando del año 2000 a la fecha, al grado de que se mantiene en instituciones del gobierno federal, de la jefatura gobierno de la Ciudad de México, alcaldías, presidencias municipales y gubernaturas al mando de Morena.

Testimonios que confirman esto me llegaron a través de redes sociales, email e incluso durante la marcha del 14 de noviembre de 2022 en defensa del Instituto Nacional Electoral (INE), que aglutinó a más de 1 millón y medio de personas en todo el país. A mi paso, me encontré de frente con Ana, una mujer que, al reconocerme como la autora de *El rey del cash*, puso en mis manos una foto con todo un ramillete de boletos —50 para ser exactos— que le habían dado en su trabajo para vender y ocupar lo recaudado en el desafuero contra Andrés Manuel López Obrador.

La consigna para ella, exempleada del gobierno del Distrito Federal, era vender todos los boletos, juntar el cash y entregarlo a su jefe o jefa inmediata para que lo hiciera llegar a Alejandro Esquer. Los boletos valían 100 pesos cada uno. Ana tenía que vender del 6001 al 6051, pero al no lograrlo tuvo que poner de su bolsa, "voluntariamente a fuerza", los 5 mil pesos que sumaban.

Debido a la opacidad de este gobierno, el Sistema Nacional de Transparencia se ha vuelto un elefante reumático que al parecer atiende las solicitudes a conveniencia, por lo que no ha sido posible conocer cuántos empleados de confianza había durante el gobierno de López Obrador en el entonces Distrito Federal. Sin embargo, si consideramos la cifra actual de empleados de confianza, 30 mil 378,[1] que debe ser menor a la de aquel gobierno porque durante cada administración se han reducido más y más plazas, podríamos hacer un estimado de lo que les fue quitado a los trabajadores. El moche quincenal era por niveles: delegados (perredistas), secretarios, subsecretarios, asesores, coordinadores, directores generales, directores, subdirectores, líderes coordinadores de proyecto y enlaces administrativos. Los montos iban de 600 a 5 mil pesos, según el cargo. Si tomamos la media de 2 mil 800 y lo multiplicamos por 30 mil 378, nos da un promedio de 85 millones 058 mil 400 pesos quincenales; 2 mil 041 millones 401 mil 600 pesos anuales. De ese tamaño, aproximadamente, fue el moche que el rey del cash autorizó quitar "voluntariamente" a los trabajadores de confianza del gobierno del Distrito Federal.

Ahora bien, eso fue solo de moches vía nómina, pero a eso tenemos que sumar el dinero obtenido por las rifas para las que miles de mujeres y hombres fueron obligados a vender boletos o pagarlos de su sueldo en caso de no lograr el objetivo. La tarea era cumplirle, sí o sí, a López Obrador.

Las rifas eran tan ridículas y opacas —como siempre han sido sus gobiernos— que en una ocasión en la que el premio era un Tsuru blanco y se obtuvieron más de 600 mil pesos, el ganador fue Nicolás Mollinedo Bastar. Sí, Nico, el famoso chofer de Andrés Manuel, que en ese entonces tenía un salario de casi 63 mil pesos. Nicolás, quien debe saber todos los secretos de Andrés Manuel, fue evidenciado por PejeLeaks por haberse enriquecido

---

[1] https://tudinero.cdmx.gob.mx/buscador_personas.

al grado de comprar propiedades en diversos estados, automóviles de lujo y mandar a sus hijos a costosos colegios y eventos de primer nivel. Al final, el Tsuru blanco se lo quedó López Obrador para su uso, y con él pretendió dar una imagen de austero, mientras echaba a su bolsa millones de pesos por los moches y las rifas arregladas.

Supuestamente parte del dinero "recaudado" se usaba para organizar las asambleas informativas y llevar a la gente al Zócalo capitalino; sin embargo, para la marcha del desafuero la gente fue *motu proprio*. Entonces, ¿dónde quedó todo ese cash?

MÁS RIFAS, SORTEOS Y BONOS

Después de ver lo bien que les funcionó la explotación a los trabajadores de estructura del gobierno del Distrito Federal, ya como candidato presidencial del PRD, Andrés Manuel López Obrador ideó otro plan: crear su propio negocio, que es en lo que verdaderamente se convierten los partidos políticos.

Para formar Morena el hoy presidente, confabulado con Martí Batres, quien fungía como líder en la Ciudad de México, comenzó a recaudar dinero en las 16 delegaciones políticas. Para ello entregaba a sus enlaces "bonos de fundador" del partido con un valor de 100 pesos. Los bonos, con el logotipo de Morena, tenían la firma ni más ni menos que del hoy presidente de la República, con la leyenda: "El Movimiento Regeneración Nacional certifica que el poseedor del presente bono es aportante fundador de Morena: la esperanza de México".

En entrevista, la doctora que me entregó estas pruebas me aseguró que esta acción la emprendieron en todas las demarcaciones y que a cada persona que se afiliaba le decían que, una vez que lograran el registro, muchos de los fundadores podrían ocupar algún cargo de elección popular. Lo que no les aclararon es que los puestos eran para el propio Martí Batres, Dolores Padierna, Armando Quintero y toda la camarilla clientelar que por años ha brincado políticamente de diputados locales a delegados, de delegados a diputados federales, de diputados federales a senadores, y así interminablemente, porque solo saben vivir del sistema.

"Fuimos cientos de miles de personas quienes creímos en Andrés Manuel López Obrador, en su narrativa de justicia que haría a la Ciudad de México el lugar de la esperanza, la democracia, la igualdad y la equidad. ¡Todo fue mentira! Los que siguen en el poder son los que se beneficiaron de las aportaciones de quienes fundamos Morena. Nos utilizaron y nos olvidaron".

Por si todo eso no fuera suficiente, por instrucciones de López Obrador, Martí Batres llevó a cabo una serie de rifas de diversos artículos, como un automóvil VW Clásico CLAA, modelo 2014, cuyas aportaciones oscilaban ente 50, 100, 150 y 200 pesos; una motoneta marca Italika, modelo WS150 2013; un iPad Mini MD52BEJA 16MG y una impresora multifuncional Epson Workforce K301, que ¡nunca entregaron!, pese a que el dinero sí fue recibido por quienes fundaron Morena.

El mismo engaño que usó el presidente López Obrador con el avión presidencial, una aeronave que no podía ser vendida o regalada porque aún no estaba pagada, y, sin embargo, la rifó. Para lograr su fin, obligó a los militares a vender "cachitos"; a las dependencias, a comprar boletos a costa del erario; y a los empresarios los "sableó" en una cena en Palacio Nacional, donde les salieron muy caros, carísimos, los tamales de chipilín. ¿Todo para qué? Para que primero se quedara el avión durante un tiempo, y después acabara en Tayikistán. De los ganadores no se supo absolutamente nada.

Este es otro *modus operandi* que le encanta al primer mandatario: rifar o subastar objetos o inmuebles que según recupera de criminales, pero nunca se hace público cuánto dinero se obtiene ni a quiénes se les entregan los artículos o bienes.

En esta red de abuso y extorsión participaron diversos personajes que salieron del PRD y se integraron a Morena. Una de ellas es Cristina Cruz Cruz, quien, luego de ser corrida por la entonces directora de la Red de Transporte de Pasajeros (RTP), Ariadna Montiel Reyes, fue rescatada por Gabriel García Hernández y nombrada presidenta de Finanzas de Morena en la Ciudad de México. En agradecimiento, Cruz Cruz se prestó en 2018 a ser patiño de Claudia Sheinbaum para "competirle" la candidatura por Morena a la jefatura de Gobierno de la Ciudad de México, elección en la que también participaron Martí Batres y Ricardo Monreal. Andrés Manuel López Obrador la nombró superdelegada en la capital. Al enterarse Montiel Reyes dijo: "Es bastante limitada". Y al parecer no mentía, pues Cristina no pudo con el paquete y en la elección intermedia de 2021 perdió la mayoría de las alcaldías, por lo que el mandatario la destituyó. Posteriormente Mario Delgado, el líder nacional de Morena, la rescató para integrarla al partido como secretaria para el Fortalecimiento de Ideales y Valores Morales, Espirituales y Cívicos. ¿Cristina Cruz tendrá idea de qué son los valores? ¿Cómo los fomentará en un partido de corruptos?

POLICÍAS, "ÉNTRENLE A LA COMISIÓN"

Al inicio de la campaña presidencial de 2006 Andrés Manuel López Obrador también recibió cash de la policía capitalina, expresamente de la Policía Bancaria e Industrial, que tenía en ese entonces unos 20 mil elementos. La orden que recibió el capitán retirado Manuel Alvarado Baltazar fue realizar descuentos, vía nómina, a todos los mandos de alto nivel, que iban desde los mil 500 hasta los 5 mil pesos quincenales, según su jerarquía. El brazo ejecutor fue Nicolás Álvarez González, quien recogió el moche de unos 150 agentes que no tuvieron más opción que quedarse callados y ver cómo su salario disminuía para apoyar al tabasqueño.

De la "vaquita", como le llamaba el superior de los mandos perjudicados, se juntaban entre 150 mil y 180 mil pesos quincenales, es decir, 4 millones 320 mil al año, que también iban a parar a la casa de campaña del tabasqueño. La diferencia era que el recurso financiero ilícito no se le entregaba a Alejandro Esquer, como sucedía con el cash de los altos servidores públicos, sino al jefe de logística, Nicolás Mollinedo Bastar, el famoso chofer de López Obrador, y al jefe de escoltas del presidente, Sergio Villarroel Ávila, exesposo de Ariadna Montiel, la secretaria de Bienestar.

Posteriormente, Juan Jaime Alvarado, policía bancario al que subieron de puesto, continuó con el moche exigido por el candidato presidencial. Al llegar a la presidencia, AMLO lo premió, por así decirlo, al ponerlo como guardia en la entrada de la Secretaría de Gobernación.

10

Estafa organizada

El 1° de julio de 2018 Andrés Manuel López Obrador agradeció a las "benditas redes sociales" haber desempeñado un papel importante en su triunfo en las elecciones presidenciales. Sin embargo, en 2012, cuando el tabasqueño era golpeado severamente por la oposición, nunca agradeció a la empresa que, con la campaña digital AMLO.SÍ, logró levantarlo varios puntos en las encuestas, al grado de quedar muy cerca del ganador Enrique Peña Nieto y eventualmente estar en posición de exigir el ya clásico "¡voto por voto, casilla por casilla!" El agradecimiento público era lo de menos, lo grave era que el tabasqueño le quedó a deber al creativo encargado, Óscar, una suma millonaria por dicha campaña.

La campaña AMLO.SÍ, que tuvo su propio sitio en internet y que logró llevar contenido a la juventud mexicana, con la que hasta ese entonces el hoy presidente no había tendido puentes, fue la primera campaña en medios digitales desarrollada en México. A través de ella se difundió el proyecto de nación de López Obrador como candidato presidencial del PRD y partidos de la chiquillada como el PT. El bombardeo día y noche fue tan apabullante que en unos cuantos meses llevó a Andrés Manuel a ser visto por millones de internautas.

A los pocos días de que *El rey del cash* saliera a la luz, Óscar me contactó y me contó lo que considera una "estafa organizada" que lo mandó a la ruina. Como muchos mexicanos que en la primera (2006) y segunda (2012) campaña presidencial del tabasqueño creyeron en él, Óscar se dejó llevar por el engañoso carisma del mandatario. Me contó que el trabajo le fue encargado por el cineasta Luis Mandoki, por Jesús Ramírez y por César Yáñez. El primer encuentro que tuvo con ellos fue en un pequeño local llamado Tortería Los Güeros, donde le aseguraron que su trabajo creativo sería pagado en tiempo y forma para que él, a su vez, solventara los salarios de su equipo, entre ellos varios diseñadores que cada noche llegaban hasta la colonia Roma a trabajar.

Los subalternos de López Obrador no quisieron hacer un contrato con Óscar, le pidieron que confiara en ellos argumentando que su palabra valía más que cualquier papel con una firma. Hoy, en retrospectiva, el creativo se arrepiente de haber sido ingenuo, de haber creído en esos hombres que hablaban de luchar para tener un país más justo e igualitario.

López Obrador estaba encantando con el resultado del trabajo de Óscar. Al ver el éxito de la campaña, el candidato presidencial, que hacía sus conferencias mañaneras desde la casona de San Luis Potosí, organizó su primera conferencia de prensa a través de la página que Óscar le creó. Sobre esta explicó:

El dominio registrado en sí fue parte del plan 360 de posicionamiento para el candidato. Adicional a lo anterior, introdujimos el logeo de redes sociales al sitio, que permitió a los seguidores formar una comunidad dentro del sitio y compartir en sí las muestras de apoyo al aspirante presidencial. El lenguaje visual fue decisivo en la réplica de los mensajes clave, y para lograr su efectividad apostamos por el uso de materiales infográficos, visuales y textuales que los usuarios podían descargar e imprimir para difundir con quienes no tenían acceso a la información de la propuesta.

Abusando de la buena voluntad de un hombre que confió en el candidato presidencial, le pidieron a Óscar que buscara la inversión que necesitaba para echar a andar la campaña digital y le prometieron que en cuanto les "cayera" dinero le pagarían. Fue en ese mismo tiempo cuando conoció a Gabriel García y al hijo mayor del presidente, José Ramón López Beltrán, quien siempre estaba metido en la oficina sin tener ninguna responsabilidad. Pasaron las semanas y el pago no llegaba. Los pretextos eran innumerables, por lo que Óscar debió pedir prestado para pagarles a sus trabajadores.

Luego de varios meses de trabajar para ellos, entre marzo y abril de 2012, le hablaron para decirle que le darían una parte del presupuesto de 180 mil dólares que habían aprobado. Ese día en la sala de juntas donde trabajaba el equipo creativo, Mario Delgado le entregó 700 mil pesos en efectivo. Con ese dinero Óscar pagó deudas acumuladas y salarios.

—¿Alguna vez viste al presidente durante el tiempo que le hiciste la campaña digital?

—Sí, lo vi en dos ocasiones. La primera fue en una junta donde se estaba evaluando el resultado de la campaña. Recuerdo que una compañera se atrevió a interrumpirlo para dar su opinión. Luego de barrerla con la mirada, López Obrador la ignoró. Se notó que le había molestado que una mujer comentara el tema.

En junio de 2012, muy cerca de la elección, el tabasqueño, quien ya se sentía el "iluminado", le llamó a Óscar para hacerle una serie de preguntas. Esa fue la primera vez que entró a la oficina que ocupaba el tabasqueño, donde tenía el busto de su héroe favorito, Benito Juárez, y la bandera nacional. El creativo reflexiona: "Contribuimos al narcisismo que hoy tiene, AMLO. SÍ fue una campaña de culto a la personalidad". En esa reunión, en la que estuvo el hoy subsecretario de Asuntos Religiosos, César Yáñez, López Obrador le preguntó a Óscar cuántos votos conseguiría a través de la campaña digital. La respuesta fue que alrededor de 150 mil. Andrés Manuel sonrió complacido, no por el esfuerzo laboral del creativo, sino porque creía firmemente que él mismo, sin la ayuda de nadie, había generado ese gran resultado. Nunca hubo agradecimientos de su parte por el trabajo de Óscar.

El éxito de la campaña digital fue tan grande a nivel nacional e internacional que en Francia, solo por citar un ejemplo, hubo manifestaciones de apoyo al candidato presidencial de la izquierda. "Hicimos todo un esfuerzo para generar un gran sector de jóvenes pro-AMLO". Con el tiempo, Óscar se dio cuenta de que su campaña había despertado, entre los jóvenes mexicanos de ese tiempo, una especie de idolatría hacia la personalidad de López Obrador; sin embargo, nunca en los mensajes recibidos hubo reconocimiento intelectual hacia el tabasqueño.

Una de las fotografías más recordadas, por su amplia difusión en medios impresos, electrónicos e internet, ideada por Óscar, fue la de la imagen interactiva donde Andrés Manuel López Obrador aparece con quienes posiblemente integrarían su gabinete, en una posición similar a la de los Beatles en la portada del álbum de *Sgt. Pepper's, Lonely Hearts Club Band*. Fue, recordó Óscar, "la mejor campaña que cualquiera pudo haber tenido en prensa".

Mientras el creativo cumplió con su compromiso de hacerle a López Obrador una campaña digital exitosa, el tabasqueño olvidó su compromiso de pagarle por su trabajo. Ante la desesperación, Óscar prácticamente le rogó a Gabriel García que le pagaran, incluso recurrió, sin éxito, a José Ramón López Beltrán. En cambio, Luis Mandoki recibió alrededor de 9 millones de pesos, en *cash*, por su documental *¿Quién es el señor López?* Ni Mandoki ni Yáñez ni Ramírez le volvieron a dar la cara a Óscar. Lo dejaron endeudado y bajo una crisis depresiva que le provocó un infarto.

Óscar recuerda la última vez que vio al presidente Andrés Manuel López Obrador. Él lo miró a él y a su esposa, quien era parte del grupo de creadores, y les dijo que sí les pagaría, aunque no les dijo cuándo. Está por terminar su sexenio y nadie de los cercanos al mandatario lo ha buscado para saldar la deuda económica y moral que tienen con este artista de la publicidad.

¿Quién es el señor López en realidad? El presidente es un hombre insensible, arrogante y abusivo, un gobernante que dice amar a los pobres, pero que se sirve de estos y los usa como estrategia política. Un hombre al que no le apena dejar de pagar los compromisos adquiridos: así dejó endeudado al PRD luego del plantón en Paseo de la Reforma, y así dejó en la quiebra a Óscar, víctima del narcisismo de este hombre que cree merecer todo.

11

#AMLOsíSabía

"El que al cielo escupe en la cara le cae". Alguien debió recordarle este dicho a Andrés Manuel López Obrador antes de que, muy valiente, saliera a exigir al expresidente Felipe Calderón que dijera si sabía o no de la relación de Genaro García Luna con la delincuencia organizada. Pretendo que este capítulo se convierta en una serie de *hashtags* que circulen en redes sociales para que los mexicanos reflexionen sobre la manera tan cínica en la que López Obrador se ha negado a aceptar la verdad sobre la corrupción que impera en su gobierno, empezando por su propia familia: hijos, esposa, hermanos, primos, cuñados, sobrinos, paisanos, amigos y subalternos. Todo lo que él ha negado, por supuesto, #AMLOsíSabía.

En estos cinco años de gobierno la mentira se ha convertido en el estandarte de López Obrador y, por conveniencia, los mexicanos beneficiados por sus programas clientelares le creen todo lo que dice desde el púlpito mañanero. No es un "amor con amor se paga", es una relación que beneficia a ambas partes, una relación enferma, dañina, tóxica, que se ha tejido sin analizar que las dádivas llevarán a la ruina a este país, no a los ricos, porque ellos toman sus capitales y se van, sino a los pobres, a los que deberán entrar en la categoría de lumpen si siguen abrazados a las dádivas del presidente.

En materia de corrupción, AMLO no podrá sostener la narrativa de disfrazar la mentira sin recato, amparado en la investidura que él mismo ha desdibujado con su ramplonería corriente y barata, desde donde siempre pone a la clase media como tiro al blanco para dispararle sus dardos envenenados, pues ha sido la que más lo cuestiona. Junto con el tabasqueño, y arropados por él, muchos miembros del gabinete se han dedicado a desviar recursos o recibir "apoyos", siempre de manera ilícita, pero esto no importa mientras le cumplan todos sus caprichos para demostrar quién manda en este país.

Insisto, si, como afirma López Obrador, "es imposible que el expresidente Calderón no supiera lo de Genaro García Luna", también es imposible que él no sepa lo que han hecho sus familiares y los servidores públicos de su gobierno. Habría que recordarle una y otra vez que, en su incontinencia verbal, en una mañanera reconoció que "no hay negocio jugoso" que no tenga visto bueno del presidente.

Si hacen "grandes transas" es porque el presidente lo avala, y es lo mismo en los estados, si hay un negocio jugoso es porque el gobernador lo permitió. El presidente afirmó en 2019 que en el gobierno se había terminado el "bandidaje" y que en las administraciones pasadas los gobernantes "no tenían llenadera, robaban mucho".[1] Y se mordió la lengua.

#AMLOsíSabía es un capítulo que recuerda la cadena de actos de corrupción que le refrescarán la memoria al mandatario y le dejarán claro que no le funcionará más sacar su pañuelo blanco

---

[1] Pedro Villa y Caña, "AMLO dice que se acabó el 'bandidaje' en el gobierno", *El Universal*, 28 de septiembre de 2019.

y mostrar su sonrisa socarrona para asegurar que la deshonestidad quedó en el pasado y que ellos, los morenistas-lopezobradoristas, no son iguales que los "otros", cuando, contrario a eso, resultaron peores, porque apelan a los valores morales de no robar, no mentir, no traicionar, y hacen todo eso a plena luz del día, con una actitud retadora hacia los mexicanos que no aprueban su gestión.

#AMLOsíSabía que Gustavo Ponce, secretario de Finanzas de su gobierno en la Ciudad de México, se divertía en el hotel Bellagio de Las Vegas con el efectivo que le daba el empresario argentino Carlos Ahumada.

• • •

#AMLOsíSabía que su secretario particular en el GDF, René Bejarano, recibía dinero de Carlos Ahumada y hasta guardaba las ligas en su saco.

• • •

#AMLOsíSabía que Carlos Ímaz, quien lo ayudó a ser candidato a la jefatura de gobierno de la capital sin cumplir los requisitos electorales, tomó 300 mil pesos en efectivo de Carlos Ahumada para llevarse a pasear por Europa a Claudia Sheinbaum, hoy la corcholata elegida.

• • •

#AMLOsíSabía que en 2019 Alejandro Esquer realizó un carrusel de 28 depósitos bancarios de 50 mil pesos en efectivo, como le gusta al presidente. El dinero debía destinarse a un fideicomiso para los afectados por el terremoto que devastó la Ciudad de México en 2017, pero fue a parar a candidatos, legisladores y operadores electorales de Morena.

• • •

#AMLOsíSabía que Marcelo Ebrard saqueó el Sistema de Transporte Colectivo Metro para cumplirle con el diezmo en las "misas" de los lunes. Ese dinero lo ayudó a ser candidato presidencial eterno.

• • •

#AMLOsíSabía que Claudia Sheinbaum redujo la plantilla de protección civil cuando fue delegada en Tlalpan, y que por eso no pudo tener la reacción necesaria en la tragedia del colegio Rébsamen, donde murieron 26 personas, la mayoría niños, en el sismo de 2017.

• • •

#AMLOsíSabía que la política de "abrazos, no balazos" generaría más homicidios dolosos y daría manga ancha a la delincuencia organizada.

• • •

#AMLOsíSabía que la creación de la Guardia Nacional era ilegal, pero no le importó violar las leyes, de hecho, lo hace de manera sistemática, porque sabe que la impunidad en México es más fuerte que la legalidad.

• • •

#AMLOsíSabía que en el Instituto para Devolverle al Pueblo lo Robado le robaban al pobre pueblo. El botín de los lopezobradoristas fue de joyas de oro macizo, diamantes, esmeraldas, rubíes y zafiros, piezas aseguradas que en ese lugar nunca estuvieron seguras. Por supuesto, nadie del equipo del presidente fue a prisión. Incluso pidió a su titular, Jaime Cárdenas, que cometiera un delito, como el mismo funcionario lo denunció en una entrevista para *Proceso*.

• • •

#AMLOsíSabía que ir tantas veces a Badiraguato, la tierra del Chapo, e incluso bajarse de su camioneta para saludar de mano a la madre del narcotraficante, no era ni correcto ni una buena señal, pero no le importó; ha dejado a otras mujeres mayores con la mano estirada, pero nunca jamás a María Consuelo Loera Pérez.

• • •

#AMLOsíSabía que el exsubsecretario Ricardo Peralta fue enviado a negociar con el narco. Peralta, quien fue cercano al perredista Manuel Granados Covarrubias, también estuvo envuelto en escándalos aduaneros.

• • •

#AMLOsíSabía que Omar García Harfuch trabajó de cerca con Genaro García Luna y lo puso como secretario de Seguridad Ciudadana de la Ciudad de México. Harfuch, aunque lo quieran negar, tiene denuncias de haber estado implicado en la desaparición de los normalistas de Ayotzinapa y proteger al cártel de Guerreros Unidos.

• • •

#AMLOsíSabía que el Ejército estaba relacionado con la desaparición de los 43 estudiantes de Ayotzinapa, aunque luego intentó enmendarle la plana a Alejandro Encinas, subsecretario de Gobernación, y exculpó a las fuerzas armadas de dicha tragedia, para no perder su apoyo.

• • •

#AMLOsíSabía que su hermano Pío López Obrador había recibido dinero en efectivo de manos de David León, empleado del exgobernador de Chiapas, Manuel Velasco, para apoyarlo en su campaña presidencial. Pese a la evidencia, dada a conocer en *Latinus*, tanto el mandatario federal como el procurador electoral, José Agustín Ortiz Pinchetti, lo declararon inocente.

• • •

#AMLOsíSabía que su cuñada Concepción Falcón Montejo, esposa de Ramiro López Obrador, estaba involucrada en un desfalco al municipio de Macuspana por 223 millones de pesos.

• • •

#AMLOsísabía que su prima Felipa Obrador recibió contratos por 365 millones de pesos a través de Pemex.

• • •

#AMLOsíSabía que su hermano José Ramiro López Obrador desfalcó con 200 millones de pesos al municipio de Macuspana cuando fue presidente municipal. *El Loco*, como lo conocen, contrató al constructor favorito de su hermano, José María Riobóo, para edificar viviendas que resultaron un fraude debido a que la zona se inunda constantemente.

• • •

#AMLOsíSabía lo inexplicable que resulta para muchos que, de ser unos *ninis*, sus hijos José Ramón, Andrés y Gonzalo se convirtieron en empresarios chocolateros.

• • •

#AMLOsíSabía de la casa gris de José Ramón, porque algunos fines de semana enviaba ahí a su hijo menor, Jesús Ernesto, quien ahora estudia cómodamente en Londres.

• • •

#AMLOsíSabía que en 2018 su compadre Carlos Lomelí Bolaños registró cinco empresas enfocadas en el sector salud, las cuales fueron beneficiadas con contratos públicos por más de 2 mil 200 millones de pesos. El tabasqueño lo nombró súper delegado en Jalisco con la ilusión de arrebatarle la gubernatura a Movimiento Ciudadano.

• • •

#AMLOsíSabía que su comadre Florencia Serranía no destinaba los recursos necesarios para el mantenimiento del Metro, lo que causó la muerte de 27 personas cuando colapsó la Línea 12 en 2021.

• • •

#AMLOsíSabía que su compadre Miguel Rincón había sido beneficiado con un contrato millonario para imprimir los libros de texto de la SEP. Al ser descubiertos, como es su costumbre, cancelaron el contrato, pero le dieron otro por 142.8 millones de pesos para proveer de papel a la dependencia educativa.

• • •

#AMLOsíSabía que Carlos Cabal Peniche suministra los cajeros automáticos para las sucursales del Banco del Bienestar. Andrés Manuel acusó a Cabal Peniche de ser beneficiario del Fobaproa, pero hoy es un "valioso" colaborador rescatado por Gabriel García Hernández.

• • •

#AMLOsíSabía que Ricardo Monreal posee 48 propiedades en la Ciudad de México y diversos estados, y de la relación de su hermano, Cándido Monreal, con los Zetas. En un operativo a una propiedad de Monreal, el Ejército encontró 14.5 toneladas de marihuana en 2009.

• • •

#AMLOsíSabía que en 2013 el SAT condonó a Yeidckol Polevnsky 16 millones 441 mil 439 pesos de un crédito fiscal. En 2019 la morenista compró una casa en Jalisco por 14 millones de pesos.

• • •

#AMLOsíSabía que Mario Delgado, uno de sus mayores benefactores cuando fue secretario de Finanzas en el gobierno de

Marcelo Ebrard, pagó a precios inflados los trenes para la Línea 12 del Metro.

• • •

#AMLOsíSabía que a Mario Delgado lo involucran con líderes de diversos cárteles de la droga y del huachicoleo, y que se asegura que Sergio Carmona Angulo, *el Rey del Huachicol*, le pagó la campaña para ser dirigente nacional de Morena.

• • •

#AMLOsíSabía que Zoé Robledo, director del IMSS, le dio un contrato por 287 mil pesos a su hermano Gabino Robledo, dueño de la empresa Monitoreo de la Información y Publicidad.

• • •

#AMLOsíSabía que Zoé Robledo compró a sobreprecio cubrebocas a 215 pesos. Al verse descubiertos, cancelaron la transacción.

• • •

#AMLOsíSabía que los ventiladores Ehécatl 4T y Gätsi que fabricaría el Conahcyt por la emergencia de la pandemia de covid-19 resultaron 88 por ciento más caros de lo planeado, se atrasaron más de un año y ni siquiera se fabricaron todos los prometidos.

• • •

#AMLOsíSabía que la estampita del "detente" no serviría contra la pandemia de covid-19 y que salir y abrazar a la gente generaría más muertes, por lo que él y Gatell fueron cómplices de los miles de muertes que enlutaron a miles de familias.

• • •

#AMLOsíSabía que no tendríamos un sistema de salud como el de Dinamarca.

• • •

#AMLOsíSabía que el millón 177 mil euros mensuales de salario de los "médicos" cubanos que "trabajaron" en México durante la pandemia de covid-19 se los quedó la Comercializadora de Servicios Médicos Cubanos, es decir, el gobierno de Cuba.

• • •

#AMLOsíSabía que se quedó con los 300 millones de pesos que el presidente Ernesto Zedillo le entregó en 1996 para que liberara los 51 pozos petroleros que había bloqueado. Nunca lo ha negado y nadie sabe el destino que tuvo ese dinero.

• • •

#AMLOsíSabía y autorizó a su director de Pemex, Octavio Romero, y al exsecretario de Relaciones Exteriores, Marcelo Ebrard, la compra, por adjudicación directa, de 671 pipas por un monto de 92 millones de dólares. ¿Dónde quedaron esas pipas? Ninguno de los involucrados ha dicho algo sobre su destino.

• • •

#AMLOsíSabía que Alfonso Romo, exjefe de la Oficina de la Presidencia, causó el mayor daño ambiental en la historia en la península de Yucatán al tapar, con su empresa Enerall, un cenote de 5 mil 500 metros cuadrados. Aunque dejó el cargo, Romo conserva la impunidad que da ser amigo del presidente.

• • •

#AMLOsíSabía que Manuel Bartlett, su viejo compañero priista, tiró el sistema en las elecciones de 1988; y que con su actual pareja sentimental y su hijo hacen negocios turbios al amparo del poder.

• • •

#AMLOsíSabía que el dirigente del sindicato minero, Napoleón Gómez Urrutia, estafó al gremio con 55 millones de dólares, por lo que tuvo que huir a Canadá. Al ganar Andrés Manuel la presidencia, su premio fue una senaduría.

• • •

#AMLOsíSabía que su secretaria de Energía, Rocío Nahle García, le otorgó a su compadre, Arturo Quintanilla Hayek, un contrato por 4096.8 millones de pesos para acondicionar los terrenos en donde se edifica la refinería Dos Bocas. ¡Claro, con su respectivo 10 o 20 por ciento de diezmo!

• • •

#AMLOsíSabía que el gobierno de la Ciudad de México les regaló a Irma Eréndira Sandoval y John Ackerman un terreno de 253 metros cuadrados. ¿A razón de qué?

• • •

#AMLOsíSabía que la exsecretaría de la Función Pública compró cinco casas al contado y que hubo una ruptura porque Irma Eréndira lo desafió cuando él quiso imponer a Félix Salgado Macedonio como candidato a la gubernatura de Guerrero y no a su hermano, Pablo Amílcar Sandoval.

• • •

#AMLOsíSabía que Ana Gabriela Guevara, directora de la Comisión Nacional del Deporte (Conade), malversaba fondos a través de una red de empresas "factureras" que le quitaba recursos al Fondo para el Deporte de Alto Rendimiento (Fodepar). El monto comprometido es de alrededor de 377.1 millones de pesos y la Auditoría Superior de la Federación exigió una explicación. #AMLOsíSabía que la velocista fue sospechosa de provocar un atentado contra los abogados Jesús Chaín y Rafael Sánchez, denunciantes del desfalco, quienes fueron atacados a balazos en Boca del Río.

• • •

López Obrador no puede aventar la piedra y esconder la mano si su administración es tan corrupta o más que otras. De nuevo, mi objetivo es que #AMLOsíSabía sea un *hashtag* que quede abierto para todos los mexicanos, que como muchos valientes que me enviaron información para este libro le recuerden al presidente qué es lo que él sí sabía y pretende mirar a otro lado y evadir su responsabilidad.

¿Por qué AMLO se lava las manos por el dinero recogido en sobres, maletas o cajas de huevo por sus hermanos y colaboradores? Por lo expresado por él en varias ocasiones desde su púlpito presidencial, me atrevo a decir que si sus subalternos han hecho "grandes transas" es porque el presidente estaba enterado: adjudicaciones directas, compra a precios inflados, compra de equipo que jamás se volvió a ver, pago a médicos cubanos que ni siquiera recibieron sus salarios, robo de costosas joyas aseguradas, reuniones con la delincuencia organizada, fideicomisos ordeñados, diezmos empresariales y chocolaterías que triunfan de la noche a la mañana cuando sus propietarios jamás habían trabajado, solo por mencionar algunos ejemplos.

Dice el presidente que los otros no tenían llenadera, tendríamos que preguntarle si él sí.

#AMLOsíSabía que no es lo mismo ser porro que presidente. #AMLOsíSabía que, a la larga, la radicalización sería la cuerda con la que acabe colgando su aspiración de ser el mejor presidente de México

• • •

#AMLOsíSabía que los mexicanos no merecemos el país que está "construyendo" a partir de la destrucción institucional y la violación flagrante de la ley.

• • •

12

Adán Augusto: el arte de hacer dinero

"No hay nada más terrorífico que un mustio que saca el cobre", esta es, a decir de los tabasqueños que lo repudian, la mejor descripción de Adán Augusto López Hernández, un hombre que aprendió a aullar con lobos y también, aseguran, a timar y a retorcer la ley a modo en su notaría y ahora en el país. Como gobernador de Tabasco endeudó al estado con mil 500 millones de pesos;[1] y como secretario de Gobernación fue implicado como el "protector mayor" del crimen organizado en el robo de combustible a Pemex.

De acuerdo con las filtraciones que han salido por el hackeo a la Sedena de Guacamaya Leaks, Adán Augusto es casi jefe de una red de ladrones de gasolina llamada "El Caso Olmeca", que opera entre Tabasco y Veracruz. Sin embargo, el presidente López Obrador salió en su defensa al negar la participación de su paisano en estos hechos delictivos. Seguramente, si se comprueba, López Obrador dirá que "no sabía", como lo ha hecho

---

[1] Jesús Domínguez, "Endeudan a Tabasco por 20 años... por lo menos", *El Heraldo de Tabasco*, 25 de agosto de 2001. Sus paisanos acusan a Adán del desvío millonario, fondos que solicitó al Congreso local cuando fue gobernador; después de mudó a la Ciudad de México sin revelar el paradero de ese dinero.

cientos de veces cuando sus subalternos han robado para él. Los tabasqueños, por su parte, no dudan de la complicidad de Adán Augusto, pues lo conocen.

A través de los testimonios recibidos —cuyos autores me pidieron el anonimato debido a que saben el talante vengativo de esta administración federal— pude conocer que Adán Augusto López Hernández es un hombre oscuro, a quien muchos tabasqueños detestan no solo por la deuda que dejó en el estado, sino por sus antivalores: traición, avaricia, engaño, autoritarismo, soberbia y corrupción. Sí, Adán Augusto es una copia fiel de su íntimo amigo, el presidente Andrés Manuel López Obrador.

Con el poder que le dio haber sido el hombre encargado de la política interna del país, y con la misma estrategia retrógrada y de división —porque es consciente, igual que su jefe, de que dividiendo vencerán—, Adán ha asegurado, por ejemplo: "Lo que no saben [los del norte del país] es que nosotros [los tabasqueños] somos mucho más inteligentes que ellos; y quienes se precian de ser inteligentes pueden hacer las cosas con menor esfuerzo y de mejor manera". Y ni duda cabe: basta con mirar las declaraciones patrimoniales de los tabasqueños en el gobierno para saber que sin esfuerzo amasaron grandes fortunas.

Todos los tabasqueños que me enviaron información, sin excepción, coincidieron en que el extitular de Gobernación debería ser llamado "el rey del garrote", por la famosa "ley garrote" que promovió y fue aprobada por el Congreso de Tabasco en 2019, pero que, afortunadamente, fue invalidada en 2021 por la Suprema Corte de Justicia de la Nación. Con esta, Adán Augusto demostró su intención de gobernar a golpe de garrote, igual que su "amigo y hermano" Andrés Manuel, no contra la delincuencia común o la organizada —a la cual protege—, sino contra sus paisanos que expresaban críticas en torno a su gobierno.

Recuerdo haber escuchado al tabasqueño Guillermo Cantón Zetina, periodista casi de nacimiento, decir que hay tres paisanos de los que no se pueden enorgullecer: Andrés Granier Melo, gobernador priista que acabó en prisión; Andrés Manuel López Obrador, expriista y experredista, repudiado de norte a sur porque encabeza un desgobierno que pretende dejar en harapos al país; y Adán Augusto, que saqueó a Tabasco y se volvió la mano siniestra de López Obrador. "Los tres sí son transformadores, lo que han tomado lo han transformado en ruinas; han dividido a pueblos, empobrecido a la sociedad y devastado la economía".

Cantón Zetina y otros tabasqueños que me escribieron coinciden en que en su corto paso como gobernante de Tabasco (donde, por cierto, López Obrador jamás ganó una elección), Adán Augusto dejó muy malos recuerdos; por lo que piden que su ejercicio como gobernador sea investigado por la desaparición de miles de millones de pesos que tendrían que haber sido destinados a mejorar los servicios de los tabasqueños, sobre todo de los más pobres. "En Tabasco, Adán convirtió el Edén en el verdadero infierno", aseguró Guillermo Cantón.

Adán, dicen, nació en cuna de seda y comió en charola de plata debido a que su papá, un notario público conocido por "arreglar" a veces asuntos ilegales para convertirlos en legales, amasó una fortuna considerable. Aprendió que en la política las relaciones públicas son la mejor arma para hacerse del poder, y por ello fue y sigue siendo tapadera de Andrés Manuel López Obrador. Los tabasqueños que me contactaron coincidieron en que, por más que sonría, Adán Augusto no despierta ni despertará el más mínimo entusiasmo o empatía con los mexicanos. Basta recordar su respuesta miserable cuando la madre de un desaparecido le exigió, como secretario de Gobernación, acciones eficaces para encontrar a su hijo. Y el funcionario le respondió: "¿No confía en mí?". "No", increpó la mujer. "Pues yo tampoco en usted", le alegó, molesto, evidenciando su insensibilidad y falta de control.

Con López Hernández, aseguraron, se encendieron los focos rojos, porque al ser idéntico a Andrés Manuel se le han escuchado declaraciones tan desafortunadas como: "Desde luego que un militar puede participar en tareas políticas y puede tener aspiraciones políticas, incluso ser presidente de la República", dejando entrever la militarización o dictadura en la que podría participar activamente el Ejército, capturado o sobornado con muchos privilegios por el presidente. También ha dicho: "Es una frase hermosa la de abrazos y no balazos", sin considerar el duelo de miles de familias por los casi 130 mil homicidios violentos en lo que va del sexenio lopezobradorista. Se necesita ser un psicópata para pensar que "abrazos no balazos" es una frase hermosa.

Entre Andrés Manuel López Obrador (70 años) y Adán Augusto López Hernández (60 años) hay una coincidencia muy afortunada para ambos: Payambé López Falconi. El padre del exsecretario de Gobernación, notario 13 de Villahermosa, Tabasco, ayudó a López Obrador y a su familia cuando el presidente, siendo un adolescente, "presenció" la muerte de uno de sus hermanos, José Ramón López Obrador, en junio de 1969, quien, dijeron, se disparó solo, pese a que la posición en la que fue encontrado (la cabeza hacia la calle y los pies dentro de la tienda familiar) revelaba que el joven había tratado de huir. ¿De quién? Si en el interior de la tienda solo estaba el hoy presidente, que, dicho por su propio padre, "tenía una enfermedad, no se le podía decir nada, ni regañarlo, porque se trababa".[2]

Cuentan los tabasqueños que me enviaron información que Payambé fue el único que creyó siempre en López Obrador, incluso lo ayudó con asesoría legal gratuita en 1989, cuando nació el Partido de la Revolución Democrática (PRD) en Tabasco, por supuesto liderado por Andrés Manuel. Y en 1994 Payambé López dio fe pública de 20 cajas que documentaban el supuesto fraude que denunció Andrés Manuel en las elecciones estatales de Tabasco, donde fue derrotado por más de 97 mil votos por Roberto Madrazo Pintado, un viejo compañero priista al que odia tanto como a Felipe Calderón Hinojosa. ¿Por qué los odia? Cuando me preguntan eso siempre recuerdo otra frase reproducida por Enrique Krauze: "Cuando perdía su equipo [de beisbol], terminaba enfurecido".[3]

La relación consolidada entre Payambé y Andrés Manuel fue como una herencia con los hijos del primero: Rosalinda, Melchor, Silvia y, por supuesto, Adán Augusto, quien ha ampliado el círculo de amistad con los hijos de López Obrador y estos con los de Adán Augusto, de tal modo que las redes de corrupción son cada vez más y más grandes.

Luego de que su padre le sirvió fielmente a López Obrador, Adán Augusto tomó la estafeta y se convirtió en el notario de la familia. Tras la muerte de Rocío Beltrán Medina, luego de una larga enfermedad por la que Andrés Manuel la llevó algunas veces a Cuba, con el diezmo que les quitaba a los empleados de con-

---

[2] Enrique Krauze, "El mesías tropical", *Letras Libres*, junio de 2006.
[3] *Idem.*

fianza del entonces gobierno del Distrito Federal, José Ramón López Beltrán, albacea de la esposa del entonces jefe de gobierno, le pidió apoyo a Adán Augusto, notario 27 de Tabasco, para que adjudicara los bienes de su madre: un terreno, dos casas y dos departamentos, a los tres hijos. De acuerdo con la fe notarial, el terreno rústico y una casa en Tepeapa fue para José Ramón; los dos departamentos de Copilco fueron para Andy López Beltrán, el más político de los tres primeros hijos, y la casa de Villahermosa, Tabasco, para el menor de ellos, Gonzalo Alfonso.

REDES FAMILIARES

En 2019, para reafirmar su narrativa de que él podría ser peje, pero no lagarto, López Obrador circuló el oficio Presidencia-016/06/13/19, en el que hizo un llamado a los secretarios, directores de empresas o paraestatales y a los servidores públicos en general para no permitir ningún tipo de influyentismo o corrupción en su administración.

> Todos estamos obligados a honrar nuestra palabra y cumplir con el compromiso de no mentir, no robar y no traicionar la confianza de los mexicanos. En consecuencia, les reitero: no acepto, bajo ninguna circunstancia, que miembros de mi familia hagan gestiones, trámites o lleven a cabo negocios con el gobierno en su beneficio o a favor de sus recomendados.

Esas palabras se las llevó el viento, y ejemplos hay muchísimos. Uno de ellos es Adán Augusto López Estrada, hijo del exsecretario, de quien se difundió que trabajaba en la Cámara de

Diputados, sin que hasta el momento se sepa qué hace en realidad, aunque el rumor en los pasillos es que se dedica a cabildear con la anuencia y el apoyo de su padre. También está el cuñado de Adán Augusto, Humberto Mayans Hermida, esposo de Silvia López Hernández, el cual gana 100 417.77 pesos como administrador general de la Auditoría de Comercio Exterior; mientras que el padre de este, Humberto Mayans Canabal, es uno de los cinco consejeros independientes de Pemex. Por si esto fuera poco, la hermana de Adán, Rosalinda López Hernández, esposa del gobernador de Chiapas, Rutilio Escandón Cadenas, fue designada administradora general de la Auditoría Fiscal Federal, sin que sus datos puedan ser visibles en el sistema, ni de salarios ni de Declaranet. Cabe destacar que durante su poco tiempo al frente del gobierno de Tabasco, Adán Augusto nombró subsecretario de Gobierno de la entidad a José Ramiro López Obrador, hermano del presidente.

PERRO SÍ COME CARNE DE PERRO

Dicen que de que la perra es brava hasta a los de casa muerde. El dicho viene a colación porque lo que Adán Augusto López Hernández nunca esperó fue verse involucrado en demandas penales promovidas por sus propios "camaradas" de Morena ante la entonces Procuraduría General de Justicia (PGJ) de la Ciudad de México. El principal promotor de las acusaciones contra el exsecretario por fraude y otros delitos cometidos en su calidad de notario público fue José Ángel Gerónimo Jiménez, en ese entonces consejero nacional de Morena y antiguo colaborador cercano de Andrés Manuel López Obrador.

Este tema también fue retomado en su momento por el periodista Ricardo Alemán, quien publicó que Adán Augusto, su padre, su hermana, su esposa y otras personas fueron acusados de los delitos de fraude, asociación delictuosa, tráfico de influencias, despojo, falsificación de documentos oficiales y escrituras notariadas, y los que resulten. Todos comparecieron ante la PGJ, a cargo de Edmundo Porfirio Garrido Osorio, cuya ineficiencia y ansias por salvar su pellejo cuando vino el cambio de administración Mancera-Sheinbaum en la capital del país hicieron que las denuncias durmieran el sueño de los justos.

Adán Augusto López y su padre fueron señalados por la venta y escrituración ilegal de un predio de 1 122.92 metros cuadrados ubicado en avenida Universidad, en Villahermosa, Tabasco, comprado por Jesús Vicente Estrada Rodríguez, nada más y nada menos que el cuñado del exsecretario de Gobernación. Otro caso que reveló Ricardo Alemán, y del cual tienen antecedentes los propios paisanos del tabasqueño, tiene mucho que ver con la práctica cotidiana de los lopezobradoristas: comprar en sumas irrisorias o gangas terrenos o casas valuadas en cantidades muy altas. Esto ocurrió con el predio de 856 metros cuadrados ubicado en el centro de Villahermosa, escriturado tras la venta por 1 millón 600 mil pesos a favor de la empresa Codicome del Sureste, S. A. de C. V., cuando el terreno estaba valuado en más de 4 millones de pesos. Este es el mismo *modus operandi* que usó la propia no primera dama, Beatriz Gutiérrez Müller, cuando vendió a precio más bajo de su valor dos propiedades, una a César Alejandro Yáñez Centeno, y otra a Julito Scherer Ibarra.

Las denuncias fueron presentadas cuando López Hernández era candidato de Morena al gobierno de Tabasco, y tanto Edmundo Porfirio Garrido como Miguel Ángel Mancera Espinosa, en sus últimos días de gobierno, se hicieron de la vista gorda.[4]

En 2022 el exsecretario de Gobernación volvió a ser demandado por corrupción, ejercicio abusivo de funciones y tráfico de influencias por el uso de recursos públicos en actividades ajenas al interés público. La denuncia fue interpuesta por el PRD, que aún vive bajo el cacicazgo de Los Chuchos; y sí, esa denuncia también duerme el sueño de los justos.

La relación entre López Obrador y López Hernández es de "hermanos", pero también de truhanes. Al final ambos son caníbales de la política. Así lo confirmó Raymundo Riva Palacio en su columna *Estrictamente Personal* del 28 de octubre de 2022, en la que afirma que en los años noventa Andrés Manuel, en efecto, le armó un expediente negro a Adán Augusto, que filtró a los reporteros de Tabasco para que golpearan a su "amigo".

"Si Andrés Manuel tuviera que vender a doña Manuela, ¡la vende! Él es así. Y luego, para ocultar su falta, acusaría de secuestro a quien se la vendió y sacaría ventaja de todo el enredo. Diría, como siempre, que era un complot en su contra", me aseguró una fuente anónima. Con esto no hay ni cómo dudar de que en algún momento Andrés Manuel traicionó o traicionaría a Adán Augusto y viceversa.

---

[4] Para quienes conocen mi activismo a favor de los animales: Edmundo Porfirio Garrido Osorio fue quien, como procurador, "olvidó" apelar la resolución para no entregar a los 33 perros de la raza golden rescatados del maltrato. Su omisión violó la ley y abrió la puerta para que este gobierno comenzara a perseguirme por haber salvado a esos animalitos que vivían hacinados, enfermos y en grave riesgo de muerte.

El pobre rico

Con la fortuna que maneja Adán Augusto López Hernández es imposible no pensar de manera consciente lo que denunció el morenista José Ángel Gerónimo Jiménez: que, al amparo de su poder como notario, el padre del exsecretario de Gobernación y este mismo se enriquecieron de manera ilícita.

¿De dónde viene la fortuna de Adán Augusto? Según su declaración patrimonial, de los inmuebles que renta. ¿Tiene sentido eso con la labor notarial de su familia? ¡Por supuesto! Solo de arrendamientos, el exsecretario de Gobernación declaró ganancias de 3 millones 600 mil pesos anuales, con lo que cómodamente puede decir que vive de sus rentas. Entre finales de 2018 y principios de 2019, cuando su "hermano" ganó la presidencia de la República, Adán se compró, ¡de contado!, una casa de 8 millones 300 mil pesos en el lujoso fraccionamiento Macayos, en el centro de Villahermosa; así lo constata su declaración patrimonial.

De acuerdo con los tabasqueños, es bien sabido que Adán Augusto operó durante muchos años para Carlos Cabal Peniche, un delincuente de cuello blanco detenido y preso por un desfalco de 6 mil millones de pesos a su propio banco. Incluso, dicen, fue el propio exsecretario de Gobernación quien intentó, en muchas ocasiones, acercar a Cabal Peniche a Andrés Manuel, quien en público lo rechazaba, aunque existen sospechas entre sus paisanos de que hay una muy buena relación entre ellos.

El propio Auldárico Hernández, siendo líder del PRD en Tabasco, partido en el que también militó López Hernández luego de salirse del PRI, declaró en más de una ocasión que la fortuna de Adán comenzó cuando este fue subsecretario de Gobierno en la entidad.

De acuerdo con su última declaración patrimonial, Adán Augusto reportó ingresos netos por 5 millones 768 mil 760 pesos; por actividades financieras (inversiones o intereses), 199 mil 768 pesos; propiedades por un valor de 9 millones 300 mil pesos, y otros ingresos, sin especificar cuáles, por 4 millones 891 mil 927 pesos; tan solo de rentas, como lo escribí antes, ganó 3 millones 600 mil pesos. Esperemos que esté pagando sus impuestos por esas rentas puntualmente.

En su declaración patrimonial de 2020[5] menciona tres inmuebles a su nombre y otros nueve a nombre de su esposa o de sus hijos; tres vehículos, dos de ellos adquiridos al contado por un valor de 923 mil 568 pesos (por los dos) y uno más a crédito. Además de esto, existen dos datos curiosos, pues solo de monedas y metales (centenarios, onzas troy, moneda nacional, divisas u otros) el secretario declaró 5 millones 504 mil 942 pesos; todo, dice, comprado de contado. Posee ocho tarjetas de crédito, todas reportadas con "monto original" de cero y "montos de pagos realizados" también cero. Su "mobiliario de casa" es de 1 millón 384 mil 250 pesos, mientras millones de mexicanos no tienen ni una mesa de comedor donde sentarse o una cama donde dormir. Todo muy lejano a la austeridad republicana o *austericidio* a la que conmina su patrón.

[5] https://drive.google.com/file/d/1X1w-pSlFsxTe3tQxYOSftitUw6VC-TtvU/view.

13

No vigilen carreteras, orden de AMLO

¿Su hija fue robada para ser traficada por tratantes de blancas? Lo lamento, la Guardia Nacional no hará nada por localizarla y salvarla. ¿En su colonia, municipio o entidad el narcomenudeo y la delincuencia organizada venden o trafican a plena luz del día? Lo lamento, la Guardia Nacional tampoco hará nada. ¿Alguno de sus seres queridos fue secuestrado y le piden rescate? Qué triste, la Guardia Nacional no moverá ni un solo dedo para liberarlo. ¿Piensa que esto que escribo es una exageración? ¡No! Lamentablemente es una realidad. Los elementos de la Guardia Nacional tienen la instrucción precisa de ya no vigilar las carreteras. Una vez que el mando militar decidió tomar las riendas, comenzó a acosar a los pocos elementos de la Policía Federal que quedaban en activo y concentró a los nuevos elementos en tareas para las que ni siquiera tienen estrategia de combate.

Ejemplos hay muchos. Frecuentemente escuchamos de elementos que fueron desarmados en algún poblado, que fueron perseguidos y tuvieron que poner pies en polvorosa para salvar sus vidas. O, peor aún, que atacaron a civiles, desarmados, indefensos, que luego hicieron pasar por miembros de la delincuencia organizada para salir bien librados, y rara vez se les castiga por esos ataques.

Usted, querido lector, se preguntará cuál es la importancia o no de que la policía vigile las carreteras. Esta labor era efectuada por elementos de la Policía Federal, la mejor corporación en el país que, incluso, tenía el mejor instituto de formación y lograba buenos resultados. En 2019 Andrés Manuel López Obrador anunció que la policía no desaparecería, y que sus miembros serían integrados a la Guardia Nacional, que nació con vicios jurídicos y fue aprobada pese a la violación flagrante de la ley.

Efectivamente, los elementos de la Policía Federal de Caminos no fueron despedidos, pero sí acosados para que, cansados por la presión, renunciaran o terminaran en oficinas haciendo tareas administrativas y no operativas, contrario a lo que se requiere en las carreteras.

Con el testimonio de muchos policías federales que me buscaron una vez que salió a la luz *El rey del cash*, entendí la importancia de que las carreteras sean vigiladas, porque es por ahí por donde circula todo: mujeres vendidas por tratantes, niños secuestrados para explotación sexual, hombres y mujeres secuestrados para obtener un rescate, armas, drogas, mercancía ilegal. Todo circula por las carreteras, y estos hombres, en lugar de ser usados por su experiencia, han tenido que destinar su tiempo y dinero en interponer amparos para no ser tratados como desechos, mientras que los militares inexpertos ganan buenos salarios y se convierten en un riesgo para la población.

Eso de ser un riesgo tampoco es exagerado, y les voy a dar un solo dato: los elementos de la Guardia Nacional, la mayoría militares con primaria y secundaria, y muy pero muy pocos con preparatoria o alguna carrera trunca, se ven involucrados en más de 4 mil incidentes automovilísticos en el año. De acuerdo con la respuesta a la solicitud de información GN/AUJT//

UT/5771/2022, tan solo del 4 de abril al 4 de octubre de 2022, en seis meses, se registraron 2 mil 339 siniestros automovilísticos, un promedio de ¡15.50 diarios!, que significaron un gasto para el gobierno de 193 259 351.73 pesos. Si la constante se mantiene, en un año el promedio de accidentes sería de más de 4 mil 600 y el gasto superior a los 385 millones 500 mil pesos. El motivo: la falta de pericia del personal militar que no está hecho para las labores para las que fueron preparados los policías federales de caminos.

El presidente Andrés Manuel López Obrador ha estigmatizado a estos hombres de élite, de los que ya quedan muy pocos en la Guardia Nacional, debido a que muchos han sido despedidos de manera injustificada y han tenido que ampararse. Los pocos que quedan han preferido trabajar en las áreas administrativas por el temor de que les pongan un "cuatro" y les quieran fincar alguna responsabilidad penal o, lo que es peor, caer muertos en combate a manos de sus propios compañeros militares, quienes han mostrado en más de una ocasión su incompetencia.

Esos hombres, que tuvieron que ampararse ante una autoridad federal, me informaron que el nivel de preparación de los militares de la Guardia Nacional es tan bajo que insistentemente se les recuerda a los mandos, vía oficio, que alienten a sus elementos a terminar la preparatoria.

Sin embargo, mientras a los militares les dan todas las facilidades, los pocos elementos de la Policía Federal que quedan en la Guardia Nacional son acosados y se les prohíbe desde la actualización hasta la rehabilitación para aquellos que fueron heridos en algún combate y deben asistir a sus sesiones de fisioterapia. El gobierno de Andrés Manuel López Obrador quiere desaparecerlos. La orden es cansarlos, proponerles retiros "voluntarios" amañados o, de plano, iniciarles algún procedimiento luego de ponerles un "cuatro" para no liquidarlos conforme a la ley. Ellos resisten, pero la tensión es tal que a partir de enero de 2023 comenzaron a ser vigilados a través de sus computadoras o teléfonos de las oficinas. Los mandos militares vigilan llamadas, movimientos, manejo de información, relaciones internas y hasta el patrimonio de los elementos para "reventarlos". Esta acción comenzó cuando la Secretaría de la Defensa Nacional fue jaqueada, pero la vigilancia era discreta. Sin embargo, a partir de 2023 el seguimiento fue más abierto y presionante.

En abril de 2022, a través del oficio, "extra urgente", EJ.y-CI./549, y "en cumplimiento a los mensajes [*sic*] F.C.A. No. E.E:./436/74666 de agosto de 2021, y en relación [*sic*] mío [*sic*] No. E.J.yC.I./380 del 12 de abril de 2022", se informó que "las mesas de trabajo para la sustitución y liquidación del personal de la extinta Policía Federal marcha conforme al formato ordenado. Esto es un ejemplo claro de las mentiras del gran corruptor, quien en julio de 2019 dijo que no desaparecería". Luego, en octubre de 2022, también a través de un oficio, el D.G.S.C.I./Enl.Admtvo./886 con la leyenda "extra urgente", 350 policías federales de caminos de todo el país fueron citados para ser reubicados; la intención, me insistieron los quejosos, era cansarlos y reventar a algunos debido a que eran alejados de sus familias.

Los elementos federales, que por obvias razones pidieron anonimato, han sufrido acoso laboral y psicológico; los envían a servicios denigrantes y son presionados para acceder al retiro voluntario, mientras sus puestos son ocupados por gente sin preparación. La presión ha llegado a tal grado que a algunos elementos de la extinta Policía Federal les han suspendido sus pagos, lo que ha dejado desamparadas a sus familias. Algunos foráneos que se encuentran en los estados del norte o del sur son obligados a trasladarse a la Ciudad de México para recoger su pago. En dicho traslado gastan en pasajes, algunas veces en vuelos, hoteles y comidas, y no reciben viáticos. Los elementos han hecho varios llamados al Senado de la República y a la propia Comisión Nacional de los Derechos Humanos, dos bastiones de Andrés Manuel, por lo que no han recibido respuesta satisfactoria.

Los números no mienten: todos esos desaciertos y la presión para deshacerse definitivamente de todos los expolicías federales de caminos, en lugar de usar su experiencia, permitieron, por ejemplo, el aumento de casi 70 por ciento del delito de trata de personas. De acuerdo con cifras de la Organización de las Naciones Unidas (ONU), entre 2020 y 2021 el delito de trata aumentó 67.3 por ciento, es decir, pasó de mil 216 casos a 2 mil 202 víctimas. Estas cifras fueron tomadas por la ONU de las instancias de seguridad correspondientes de nuestro país, es decir, no son un invento de la organización. También aumentó el narcotráfico, que pareciera estar protegido por este gobierno; y el secuestro registró un incremento de 29.5 por ciento en 2022.

Respecto a los incidentes que ha tenido la Guardia Nacional, donde algunos hechos lamentables la han vulnerado o han provocado la muerte de civiles, retomo un texto de la ya citada tesis *Chavismo a la mexicana: el camino de la destrucción institucional*, de Elena Cárdenas, donde hace un recuento preciso de esta situación:

En septiembre de 2020, la Guardia Nacional fue acusada de asesinar a una mujer en Chihuahua, a la que inicialmente culparon de atacarlos; sin embargo, la víctima no solo estaba desarmada, sino que la bala que le provocó la muerte entró por la espalda; en abril de 2021 la corporación asesinó a un matrimonio, la mujer vendía elotes en Nuevo Laredo; en mayo del mismo año la Guardia enfrentó otro gran escándalo luego de que algunos de sus elementos asesinaron, "por error", a un funcionario de la Fiscalía de Justicia de Sonora y lesionaron a una agente del Ministerio Público; en junio de 2021, otro policía de la Guardia fue detenido por asesinar a una joven de 20 años en Nuevo León; un mes después, en julio, un elemento de la corporación asesinó a su esposa y luego se disparó y murió; en septiembre de 2021, en un enfrentamiento con civiles, la Guardia mató a un ciudadano en Tequisquiapan, mientras que en Oaxaca una patrulla balizada de la corporación mató a un ciclista; en octubre de 2021, un hombre, supuestamente armado con un cuchillo, fue asesinado por la Guardia Nacional en Tamaulipas. Pero los anteriores no son los peores escándalos de la Guardia Nacional, que en más de una ocasión fue rebasada, sometida y desarmada por la delincuencia organizada, traficantes de personas o "pueblo bueno". El 10 de julio de 2021 varios elementos fueron sometidos por autodefensas de Chenalhó, quienes finalmente los liberaron, pero se quedaron con sus armas; un hecho similar ocurrió en Santiago Textitlán, Oaxaca, donde los policías fueron desarmados y retenidos por varias horas; el 13 de agosto de 2021, en Tlaxcala, delincuentes que atracaban un tren sometieron, desarmaron y retuvieron a elementos de la Guardia Nacional, a quienes liberaron horas más tarde, pero también les robaron el armamento; el último hecho ocurrió en septiembre de 2021 cuando traficantes de migrantes desarmaron a policías de la guardia en Ocosingo, Chiapas, y, al igual que en los otros casos, les robaron sus armas y los humillaron; pese a todas estas situaciones que vulneran a la corporación, la instrucción de AMLO desde el inicio de su gobierno fue no atacarlos, no enfrentarse, porque, según sus propias palabras, "no se puede enfrentar la violencia con violencia", ni "apagar el fuego con el fuego". La creación de la Guardia Nacional sorprendió a muchos porque en innumerables ocasiones López Obrador exigió a los expresidentes Felipe Calderón Hinojosa y Enrique Peña Nieto que regresaran al Ejército a sus cuarteles: "No se debe seguir exponiéndose al Ejército, ni socavarlo; hay que regresarlo, en la medida que se va profesionalizando la policía".[1] En 2016 consolidó su discurso de la paz en lugar de la guerra y exigió "no continuar con la policía coercitiva, pues no se resuelve nada con el uso del Ejército, Marina, policías, cárceles, amenazas de mano dura…"[2] y aseguró que la paz y la tranquilidad son frutos de la justicia. Frases como "no se resuelve nada con el uso del Ejército y de la Marina", "no necesitamos un ejército para la defensa", "no es para eso [seguridad pública] el Ejército" resultan incongruentes con la creación de la Guardia Nacional, pero hacen realidad la declaración de AMLO del 1 de julio de 2019 cuando aseguró:

"Si por mí fuera, yo desaparecería al Ejército y lo convertiría en Guardia Nacional, declararía que México es un país pacifista que no necesita Ejército y que la defensa de la nación, en el caso de que fuera necesaria, la haríamos todos".[3]

A todos estos hechos que refiere Cárdenas sumaría un incidente reciente y lamentable en el que miembros del Ejército

---

[1] Dulce Ramos, "Promete AMLO regresar el Ejército a sus cuarteles", *Animal Político*, 6 de febrero de 2012.

[2] Jorge Almazán, "AMLO pide que el Ejército regrese a los cuarteles", *Milenio*, 8 de diciembre de 2016.

[3] "Si fuera por mí, yo desaparecería el Ejército", *Reuters*, 1º de julio de 2019.

mexicano mataron a cinco jóvenes en Tamaulipas. Los chicos iban desarmados. Podrían decirme que el Ejército no tiene nada que ver con la Guardia Nacional, pero no es así, tiene que ver todo, porque ambos están integrados por militares que desprecian, como lo hace el presidente Andrés Manuel López Obrador, a los policías federales de caminos.

La política de "abrazos, no balazos" ha convertido a México en un panteón donde, con el visto bueno presidencial, los cárteles de las drogas se pelean los territorios de norte a sur del país, sobre todo con el arribo de morenistas a las gubernaturas. Para nadie es desconocido que el narco operó en Michoacán para que ganara el candidato del presidente, Alfredo Ramírez Bedolla. La relación con la familia de Joaquín Guzmán Loera, el Chapo, es cosa aparte, porque el mandatario tabasqueño casi fue adoptado por la mamá del narcotraficante, que cada que lo llama corre al municipio de Badiraguato, sin llevar a los medios de comunicación.

La inacción y la omisión también son corrupción, y eso ocurre con las fuerzas armadas, a las que obligan a no enfrentar a la delincuencia organizada, por lo que circulan libremente por las carreteras y el territorio de este país drogas, armas y niñas y mujeres. Ningún delito de estos es combatido; quizá el olvido más criminal sea el del combate a la trata de personas. Los policías federales que se han tenido que amparar ante la negligencia del presidente dan cuenta de las constantes violaciones y vejaciones que hacen de ellos los mandos militares, muchos de ellos sin preparación. ¿Qué es un país sin seguridad, un país donde el Estado de derecho se viola constantemente y pone como carne de cañón al pueblo ante la complacencia de los propios mandos? ¡No es nada!

14

La política migratoria de México: "una mierda"

En octubre de 2018 México se encontraba en una situación crítica, debatiendo la posibilidad de permitir la entrada de una caravana de migrantes hondureños. Fue en ese contexto que López Obrador, presidente electo en ese momento, se encontraba de gira por Tamaulipas y anunció su enfoque en materia de migración. Afirmó que su política migratoria no contemplaría la detención de indocumentados en México. Más bien extendió una invitación a los migrantes a venir a nuestro país, ofreciendo visas de trabajo como parte de su plan. Explicó que el fenómeno migratorio requería la creación de condiciones de bienestar para las personas en sus lugares de origen y subrayó la importancia de abordarlo "con pleno respeto a los derechos humanos".[1]

Cinco años después de esas declaraciones, el contraste no pudo ser más grande y penoso, cuando miles de migrantes de Centro y Sudamérica encontraron cárceles con gruesos candados, abuso policial, extorsión y, lamentablemente, la muerte. ¿Qué cambió en el enfoque del tabasqueño? Parece que con el tiempo olvidó su compromiso inicial y se vio obligado a inclinar la

---

[1] Jorge Monroy, "AMLO promete visa y trabajo para migrantes centroamericanos", *El Economista*, 17 de octubre de 2018.

cabeza ante las presiones de Estados Unidos, primero con Donald Trump y luego con Joe Biden, adoptando políticas más duras y abandonando la visión humanitaria y de oportunidades que se había prometido.

El 27 de marzo de 2023 se produjo una tragedia en Ciudad Juárez, Chihuahua, donde 40 migrantes, en su mayoría provenientes de Venezuela, El Salvador, Honduras y Guatemala, perdieron la vida en un incendio dentro de un centro de detención. Es importante destacar que este incidente fue resultado de una corrupción vil y premeditada, ya que a las autoridades encargadas de velar por la seguridad de estos migrantes no les dio la gana abrir las puertas cuando ellos, en protesta por las violaciones a sus derechos humanos, prendieron fuego a un colchón. Esta terrible situación puso de manifiesto que la omisión de los deberes institucionales constituye también un acto de corrupción.

El 30 de marzo el tabasqueño dijo, de dientes para afuera, lamentar los hechos:

> … lo confieso, me ha dolido mucho, me ha dañado, yo he tenido momentos difíciles, el más fue lo de la explosión de Tlahuelilpan, ese ha sido el acto más duro, el que más me ha afectado anímicamente, y luego este […]. Desde que llegué hay constancia de que he estado duro y dale pidiendo al gobierno de Estados Unidos que se atienda a los migrantes para que no se vean en la necesidad de abandonar sus pueblos.[2]

[2] Emmanuel Carrillo, "Me ha dañado la muerte de los migrantes en Juárez, dice AMLO", *Forbes*, 31 de marzo de 2023.

Aunque López Obrador expresó su pesar por lo ocurrido, parecía culpar principalmente a Estados Unidos, sin reconocer la ineficacia de nuestras autoridades y los actos criminales, muchas veces de tortura, que ocurren en los centros de detención de migrantes en México. Nunca mencionó que aquel centro donde los tenían estaba cerrado con candados, como si se tratara de animales o delincuentes.

Más obligado por las críticas y con una visita ya programada en relación con el Banco del Bienestar, el presidente se dirigió a Chihuahua después del siniestro. Seguramente quería comprobar si aún salía humo de aquella cárcel donde los hombres, agarrados a los barrotes de la puerta, sintieron estar en el infierno mientras sus cuerpos eran abrasados por las llamas. Seguramente quería testificar si persistía el olor a carne quemada para luego, en su conferencia matutina, acusar a los detractores políticos de aprovechar la tragedia de los migrantes para dañar su imagen de humanista.

Lamentablemente, el presidente López Obrador no se ha caracterizado por ser un gobernante sensible o empático. El día que el presidente visitó Juárez los migrantes y otras personas bloquearon el paso del convoy presidencial. Durante el altercado, el tabasqueño le dijo a una manifestante que reclamaba justicia: "Se me hace que te mandó Maru", refiriéndose a Maru Campos, la gobernante panista del estado.[3]

Semanas después de su regreso, López Obrador criticó a los periodistas de Juárez, acusándolos de provocarlo con grabadoras, cámaras y teléfonos. Parecía olvidar que estas son las

[3] "'Te mandó Maru', acusa AMLO a manifestante que lo encaró por el incendio en Ciudad Juárez", *Latinus*, 31 de marzo de 2023.

herramientas de trabajo habituales de los comunicadores. Además, sugirió que alguien les estaba pagando para acosarlo y, de manera más que desafortunada, insinuó que esto se debía a que no habían logrado magnificar lo suficiente la tragedia del centro de migración.[4]

Aunque López Obrador jamás señaló como responsables a los empleados que corrieron cobardemente, en lugar de liberar de las llamas a los migrantes, las autoridades aprehendieron a tres agentes del Instituto Nacional de Migración (INM), un guardia de seguridad y el migrante que habría comenzado el incendio.[5]

Marcelo Ebrard, como secretario de Relaciones Exteriores, parecía bailar al son de los gringos. Adán Augusto López, por su parte, hizo mutis, atribuyendo al canciller la responsabilidad de rendir cuentas sobre los hechos. Alejandro Encinas, el subsecretario de Derechos Humanos, ni siquiera asomó la cabeza en medio de la crisis. Mientras tanto, Francisco Garduño, titular de INM, optó por refugiarse en la impunidad que la investidura presidencial le brindaba. A pesar de que la Fiscalía General había iniciado un proceso penal en su contra por su responsabilidad en la muerte de los migrantes, logró mantenerse al frente de la institución.[6]

En busca de excusas y quizá del perdón divino, López Obrador mencionó, poco después de la tragedia, que estaba trabajando con Alejandro Solalinde con la intención de crear la

---

[4] Héctor Tovar, " 'Son unos provocadores': AMLO se lanza contra periodistas de Ciudad Juárez", *El Heraldo de Juárez*, 20 de abril de 2023.

[5] Daniel Alonso Viña, "Vinculan a proceso a los cinco detenidos por el incendio en Ciudad de Juárez", *El País*, 5 de abril de 2023.

[6] Christopher Cruz, "Francisco Garduño seguirá al frente de Migración pese a proceso penal en su contra", *Infobae*, 12 de abril de 2023.

Coordinación Nacional de Migrantes, la cual reemplazaría al INM. Su idea es que el sacerdote, quien tiempo atrás llegó a declarar que detrás de las caravanas de migrantes se ocultaba una "mano negra" con la intención de desestabilizar al gobierno, tenga un cargo honorario en la nueva institución.

La crisis migratoria continuó agravándose. Pocos días después de la tragedia de Juárez, el 6 de abril, los mexicanos nos enteramos del descubrimiento de una red de traficantes de personas en San Luis Potosí. Las víctimas fueron encontradas cerca de Matehuala, 23 de las cuales habían sido reportadas como desaparecidas en el estado de Guanajuato. Según la información disponible, todas estas personas provenían de Honduras y Venezuela y buscaban llegar a Estados Unidos con la ayuda de traficantes de indocumentados. Luego, el 17 de abril, aproximadamente un centenar de migrantes cubanos se manifestaron en el interior de la Estación Migratoria de Acayucan, Veracruz, denunciando el abuso de autoridad al que estaban siendo sometidos.

Parece ser que, en cuestiones migratorias, poco o nada se ha hecho "con pleno respeto a los derechos humanos". En voz de los propios migrantes, las autoridades carecen de preparación y conocimiento acerca de sus derechos.

Los centros de detención migratoria operan con prácticas nefastas, sistemáticamente violando los derechos humanos. A pesar de que el gobierno los llama "albergues", en realidad se asemejan más a cárceles donde se confina a miles de indocumentados, sin consideración por el sufrimiento que esto causa a las familias, separándolas por género. No hay que olvidar que los migrantes no son delincuentes ni criminales; son familias enteras que se ven obligadas a arriesgar la vida debido a la extrema pobreza en sus países de origen.

Las fotografías de la siguiente página fueron tomadas por migrantes cubanos que lograron introducir sus celulares a escondidas para mostrar al mundo cómo el gobierno de López Obrador trata a los seres humanos. Mientras el presidente entrega una condecoración al dictador Miguel Díaz-Canel, muchos cubanos permanecen detenidos en México, enfrentando la posibilidad de perder la vida.

Los migrantes cubanos en Acayucan son quienes más tiempo pasan detenidos, ya que las autoridades asumen que tienen familiares en Estados Unidos y los mantienen retenidos para extorsionarlos, como se hizo evidente en casos similares en Ciudad Juárez. Les exigen dinero, mil 500 dólares por persona y cinco dólares por una llamada telefónica, para liberarlos. Los carceleros les piden el pago en efectivo e incluso les dan un número de teléfono para "negociar el pago de su salida".

Un informante, indignado, describió la deficiente y caótica política migratoria de México como "una mierda", lo que refleja el calvario que experimentan los cubanos cuando ingresan en el país en busca del sueño americano.

Conocí el caso de un cubano cuya esposa mexicana llevó todos sus documentos a Acayucan para reclamar su liberación, pero aun así no lo dejaron ir porque no había reunido la cantidad de dinero que les exigía la directora de Jurídico del centro migratorio.

Los abogados que representan a los indocumentados para evitar la extorsión también enfrentan un proceso complicado, ya que las autoridades los hacen esperar durante horas. El abogado Raúl Francisco Díaz Mortera es un ejemplo. Lo citan antes de las 10:00 y lo atienden después de las 16:00, y debe esperar todo ese tiempo porque nunca se sabe a qué hora lo llamarán.

Escenas del interior de la Estación Migratoria del Instituto Nacional de Migración en Acayucan.

Por fortuna, los abogados cultivan la paciencia de Job con tal de evitar más extorsiones.

Después de los eventos en Ciudad Juárez se propagaron rumores de que los cubanos indocumentados serían trasladados de ese lugar. Su temor principal radica en desconocer su destino y si podrán reunirse con sus seres queridos. Me informaron que recientemente se ha separado a cubanos y ecuatorianos, y se les han solicitado 900 dólares para mantenerlos en Acayucan, con la amenaza de la deportación a sus países de origen como medio de presión.

Un ejemplo preocupante es el de una familia ecuatoriana con dos niñas y sus sobrinos adolescentes. A la madre y las niñas las liberaron, pero a los tres hombres les exigieron 800 dólares cada uno para su liberación, una cantidad que, por supuesto, no podían pagar. Esta familia dejó su país debido a la extrema pobreza y las amenazas constantes de las mafias colombianas que exigían dinero a cambio de no hacerles daño. Fueron a México en busca de refugio y trabajo, pero terminaron en cárceles migratorias.

En otro caso de extorsión, Alejandro Palau Hernández, exdirector del centro migratorio de Acayucan, protagonizó un incidente de agresión física contra migrantes en Tapachula, Chiapas, y ordenó tratos crueles si los migrantes no "cooperaban". Este individuo ha sido brazo derecho de Francisco Garduño desde su época como secretario de Transporte y Vialidad en el gobierno del Distrito Federal durante la administración de López Obrador.

Además, la Comisión Mexicana de Ayuda a Refugiados (Comar) también ha sido acusada de corrupción y extorsión hacia los migrantes: les ha negado la solicitud de refugio si no entregan la cantidad de dinero en dólares que se les exige.

El 15 de septiembre de 2023, durante la conmemoración de la Independencia, López Obrador tuvo la irónica ocurrencia de gritar: "¡Que vivan nuestros hermanos migrantes!". Casi al mismo tiempo se hizo público un informe de la Organización Internacional de las Migraciones que reveló que, durante el año 2022, al menos 686 personas perdieron la vida o desaparecieron en su intento de cruzar la frontera entre Estados Unidos y México, lo cual convierte a esta frontera en la ruta migratoria terrestre más peligrosa del mundo.[7]

Por desgracia, no es sorprendente que hayamos llegado a una situación crítica como la que ocurrió con la trágica muerte de los 40 migrantes en el centro de detención en Juárez. Este acto atroz trascendió a nivel internacional y fue condenado enérgicamente por la Organización de las Naciones Unidas (ONU), que exigió investigaciones exhaustivas e independientes, así como respuestas y justicia para las víctimas. Además, la ONU recordó que ya previamente había emitido recomendaciones sobre las condiciones inhumanas que enfrentaban los migrantes en las estaciones migratorias mexicanas, incluyendo el hacinamiento y la sobrepoblación.[8]

A pesar de todos los llamados a resolver de inmediato los graves problemas que enfrentan los migrantes en México, no parece haber una solución cercana. Lamentablemente, la corrupción, la extorsión y la falta de condiciones humanas básicas han sido una marca indeleble del sexenio de López Obrador.

[7] Naciones Unidas, "La frontera entre Estados Unidos y México es la ruta migratoria terrestre más peligrosa del mundo", ONU *News*, 12 de septiembre de 2023.

[8] Almudena Barragán, "La ONU pide a México una investigación independiente tras la muerte de los migrantes de Ciudad Juárez", *El País*, 6 de abril de 2023.

15

Huachicol, cash y un asesinato

El 22 de noviembre de 2021 San Pedro Garza García se estremeció con la noticia del asesinato de Sergio Carmona Angulo. Aun vivo, el llamado Rey del Huachicol era un hombre muerto.

Nadie en Morena, desde el más alto nivel, habría permitido que el "próspero" empresario señalado por huachicoleo y financiamiento de campañas morenistas en varios estados fuera detenido y consignado por la Fiscalía General de la República, ya que, sin duda, habría delatado a todos los morenistas que recibieron dinero.

Fuentes cercanas al propio Carmona me escribieron para revelarme datos sobre este oscuro suceso que muchos relacionan estrechamente con el partido en el poder. El 11 de abril de 2023 el presidente acusó a sus predecesores de servir a una "pandilla de saqueadores, una pandilla de rufianes, una banda de malhechores". Sin embargo, a mi parecer, como siempre, escupió al aire.

Los informantes, en su mayoría en el anonimato, presentaron dos versiones del asesinato de Sergio Carmona. La primera sugiere que la delincuencia organizada, con la que Carmona había colaborado en el tráfico de combustible, fue la responsable.

La segunda teoría apunta a que fue víctima de un plan urdido por el sistema y, posiblemente, involucrando a militares. Hay testigos que aseguran haber visto a los asesinos del empresario alejarse de la escena del crimen sin ninguna prisa. "Creo que eran militares, porque salieron tranquilos, como si nada hubiera ocurrido. Caminaron serenos y huyeron. Carmona siempre mencionaba que tenía una conexión directa con el general Audomaro [Martínez Zapata]", dijo un testigo que, comprensiblemente, solicitó el anonimato por miedo a represalias.

Es relevante recordar que el general de división DEM, Audomaro Martínez Zapata, conocido por ser un cercano amigo de López Obrador, fue designado el 1º de diciembre de 2018 como director del Centro de Inteligencia Nacional. Se le ha señalado por "dar seguimiento" —o sea, espiar— no a la delincuencia organizada, sino a ciudadanos comunes como usted y yo, querido lector, lo cual arroja sombras de duda sobre sus acciones.

A pesar de estar vinculado con el tráfico ilegal de combustibles, Carmona nunca fue perseguido por el gobierno de López Obrador durante su supuesta lucha contra los huachicoleros. No solo evitó la persecución, sino que se integró al círculo de corruptos de Morena gracias a la intervención de Ricardo Peralta Saucedo, quien fue nombrado administrador general de Aduanas en 2019. Ahí, Peralta acumuló múltiples acusaciones de corrupción que, sorprendentemente, nunca fueron investigadas por la selectiva justicia de López Obrador.

El negocio de Carmona lo obligó a "alinearse" con la delincuencia organizada. Mientras lo hacía, también se presentaba como un benefactor de numerosos políticos afiliados al partido en el poder, contando con la venia tanto del presidente como de Mario Delgado, el líder nacional de Morena. En Monterrey, al menos, era *vox populi* que Carmona afirmaba que el general Audomaro lo protegía y que, a través de él, establecía contactos entre individuos con influencia económica y el propio Andrés Manuel.

En 2019, cuando el cuestionable Ricardo Peralta asumió el cargo de administrador general de Aduanas, nombró a Julio César Carmona Angulo, hermano de Sergio, como administrador de la aduana de Reynosa. Los informantes aseguran que Sergio ya era benefactor de Peralta, lo que justificó que los hermanos adquirieran poder en la aduana. Sin embargo, las numerosas acusaciones de corrupción contra Peralta finalmente llevaron a su destitución, y esto también afectó a Julio César, quien perdió su puesto. A pesar de su caída en desgracia, Peralta fue rescatado por la Secretaría de Gobernación. Mientras tanto, Julio y Sergio continuaron operando el huachicoleo junto con la delincuencia organizada, actividad que, según se dice, les proporcionaba fondos suficientes para financiar las campañas de los candidatos de Morena.

Personas bien informadas sobre las actividades de Carmona aseguran que Julión Álvarez era uno de los cantantes a los que más llamaba para los eventos de cierre de campaña de los candidatos de Morena.

Mataron a la gallina de los huevos de oro

Desde sus cuentas bancarias en Mónaco y en el First Caribbean, en las Islas Caimán, Sergio Carmona Angulo transfirió más de 191 millones 551 mil 500 pesos a distintos políticos de Morena y familiares cercanos de estos para sus campañas electorales, entre ellos:

Eduardo Abraham Gattas Báez, presidente municipal de Ciudad Victoria, Tamaulipas, quien recibió de Carmona 1 millón 500 mil dólares. Gattas Báez, quien se dice empresario, está en la misma situación que la diputada morenista Dulce Silva: no tiene antecedentes empresariales que expliquen su fortuna, lo cual quedó en evidenciada en febrero de 2022 cuando el diario *Reforma* publicó que Gattas había adquirido una casa valuada en 11 millones de pesos.

Rubén Rocha Ruiz, hijo de Rubén Rocha Moya, gobernador de Sinaloa por Morena (2021-2027), también recibió de Carmona 1 millón 700 mil dólares. Rubén y su hermano Ricardo Rocha Ruiz son representantes de la constructora Chocosa, S. A. de C. V., que ha sido beneficiada por el gobierno de Sinaloa con cantidades millonarias. Según información del catastro, los hermanos han adquirido diversas propiedades que oscilan entre los 12 y 20 millones de pesos.

Humberto Francisco Villarreal Santiago, hijo de Américo Villarreal, gobernador de Tamaulipas, recibió de Sergio Carmona Angulo 3 millones 100 mil dólares. En junio de 2021 Villarreal Santiago tenía en la cuenta 0589678241 de un banco en Ámsterdam poco más de 21 millones de dólares, a pesar de haber declarado ingresos mensuales por mil 300 euros. La fortuna del hijo de Américo Villarreal se compara, para que se den una idea, con el presupuesto anual para refugios de mujeres y niños violentados.

Además, si, como Humberto Francisco Villarreal Santiago lo declaró ante las autoridades bancarias extranjeras, su ingreso mensual era de mil 300 dólares, el orgullo del nepotismo de

Américo Villarreal tendría que haber trabajado mil 198 años, sin gastar un solo peso, para tener ese patrimonio. Es una multiplicación simple que nos deja claro que eso es imposible.

Carlos Víctor Peña Ortiz, presidente municipal de Reynosa, Tamaulipas, por Morena, recibió de Carmona 1 millón 550 mil dólares. Peña Ortiz fue denunciado por el morenista Marcelo Olán Mendoza por el delito de uso de recursos de procedencia ilícita. De acuerdo con los señalamientos, Carlos Víctor compró un rancho de mil 500 hectáreas por más de 15 millones de pesos. En 2022 se libró una orden de aprehensión en su contra e inmediatamente pidió licencia por un supuesto contagio de covid-19; a pesar de la orden de captura, regresó al municipio en junio de 2022.

Ricardo Guízar Medina, excoordinador de la Administración de la División de Operación Tributaria Región Sur del gobierno de la Ciudad de México, recibió 1 millón 650 mil dólares. Ricardo es tío de Mario Delgado, presidente nacional de Morena, y tenía un sueldo de 46 mil 576 pesos, que no podría justificar los más de 32 millones de pesos que pasaron por su cuenta bancaria.

En abril de 2018, durante su campaña presidencial, en un acto político en Nuevo Laredo, Tamaulipas, acompañado por el entonces senador de la República y hoy gobernador del estado, Américo Villarreal Anaya, López Obrador aseguró que, de ganar, acabaría con la corrupción, pero esto no ha ocurrido.

Por tierra y por aire

Sergio Carmona Angulo estuvo muy activo durante los primeros años del gobierno de López Obrador. Sin embargo, su destino se asemejaba al de Santiago Nasar, el protagonista de *Crónica de una muerte anunciada* de Gabriel García Márquez. Sergio sabía que su tiempo se agotaba, ya que muchos deseaban que guardara silencio. Pero antes de que eso sucediera se sirvió de todos los favores que el próspero empresario les hizo a muchos morenistas.

En este punto, insisto en las palabras del propio López Obrador en 2018, cuando aún era presidente electo y antes de rendir protesta: "No hay negocio jugoso que se haga sin el visto bueno del presidente de la República [...]. En las administraciones pasadas los gobernantes no tenían llenadera, robaban mucho". Sin embargo, ahora son él y sus cofrades los que no tienen llenadera y roban mucho.

Testigos afirman que Carmona contribuyó proporcionando vehículos para las campañas de Morena en varios estados, incluyendo Zacatecas, Colima, Baja California, Tamaulipas y Michoacán. El empresario había ascendido en las filas de Morena gracias al respaldo de Américo Villarreal y la protección de Ricardo Peralta Saucedo, exsubsecretario de Gobernación y actual coordinador nacional de la Alianza Patriótica por la 4T (lo que sea que eso signifique).

A pesar de que la flota de vehículos facilitó la movilidad de numerosos candidatos, destacaba el caso de Carlos Víctor Peña Ortiz, el alcalde de Reynosa, Tamaulipas, por Morena, quien recibió más de 31 millones 400 mil pesos de Sergio Carmona Angulo. Peña Ortiz usaba una camioneta blindada Chevrolet con placas SPM-387-A, propiedad del empresario asesinado, la cual había sido adquirida por Grupo Industrial Permat.

Asimismo, el diputado federal de Morena Erasmo González viajaba cómodamente en una camioneta comprada por la empresa Servicios Industriales Sigsa, también propiedad de Carmona y su esposa.

Incluso se descubrió que muchas de estas unidades se adquirieron mediante un complejo esquema de triangulación. En este destacaba un aparente prestanombres llamado Sergio "N", quien figuraba como el "dueño" de una camioneta Tahoe SUV con placas RDP 600 C. Esta camioneta fue usada por el político de Morena Héctor Joel Villegas González, durante su toma de posesión como alcalde de Río Bravo. Posteriormente, la unidad fue reemplacada (XPM216 A), y ahora su propietario es nada más y nada menos que el hermano de Héctor Joel Villegas González, Francisco Antonio Villegas González, quien actualmente ocupa el cargo de secretario de Gobierno en la administración de Américo Villarreal.

Además, se reveló que la aeronave Hawker BAe 125, serie 800 A, con matrícula XB-PND, operada por Miguel Ramírez Morales, no estaba registrada a nombre de Sergio Carmona Angulo, pero sí estaba disponible para su servicio las 24 horas del día, los 365 días del año. Varios políticos, entre ellos Mario Delgado, Erasmo González, Gustavo Nieto y Américo Villarreal, usaron esta aeronave en múltiples ocasiones: hicieron vuelos desde diversas ubicaciones y hacia diferentes destinos, que incluían Toluca, Ciudad Victoria, Monterrey, Culiacán, Cabo San Lucas, Puerto Escondido, Tepic y Morelia.

En particular Américo Villarreal compartió vuelos con Alberto Serrano y Jorge Mena, mientras que Mario Delgado viajó en compañía de Erasmo González y el propio Sergio Carmona.

DE MENDIGO A MILLONARIO

A pesar de los intentos de vincularlo con el exgobernador panista de Tamaulipas, Francisco Cabeza de Vaca, lo cierto es que el patrimonio de Sergio Carmona Angulo experimentó un notable crecimiento desde la llegada de López Obrador a la presidencia. Cuatro meses antes de su trágica muerte, Carmona tenía en su cuenta bancaria del First Caribbean International Bank la impresionante cifra de 52 864 976.74 dólares, equivalente a más de mil 071 millones 573 mil pesos al tipo de cambio de 2021.

En los años 2016 y 2017 Carmona reportó que sus empresas no generaron ganancias, y no poseía vehículos ni inmuebles. Sin embargo, en 2018 sus ingresos superaron los 500 mil pesos. El gran aumento en su fortuna se dio en 2019, cuando declaró ganancias por 397 mil 206 pesos, aunque sus gastos ascendieron a más de 16 millones de pesos en vehículos, propiedades y asuntos personales. Esta tendencia se mantuvo en 2020, con ingresos anuales inferiores a los 300 mil pesos, pero gastos que superaban los 35 millones de pesos. Antes de su asesinato, Carmona Angulo había gastado más de 148 millones de pesos en actividades no declaradas.

Además, en un lapso de un año, su esposa gastó más de 8 millones de pesos en artículos de lujo de marcas como Hugo Boss, Louis Vuitton, Dior, Gucci, Salvatore Ferragamo y Chanel, entre otras. Siguiendo la tendencia de muchos morenistas, incluyendo la no primera dama, Carmona adquirió propiedades que aparentemente estaban por debajo de su valor en el mercado, así como maquinaria que se usaba en contratos de servicios con la Secretaría de Comunicaciones y Transportes. Entre 2019 y 2021 Carmona había adquirido vehículos por un total de 55 millones

738 mil 653 pesos, a través de sus empresas Grupo Industrial Permart, Grupo Industrial Joser y Servicios Industriales Sigsa.

Carmona Angulo tenía contratos con diversas entidades gubernamentales, entre ellas el Instituto Mexicano del Seguro Social, por 21 237 454.62 pesos y 843 278.49 pesos; con el Departamento de Construcción y Planeación Inmobiliaria de la delegación de Tamaulipas, por 37 479 501 pesos; con la Secretaría de Comunicaciones y Transportes Centro SCT Veracruz obtuvo tres contratos por 13 781 612.01, 33 140 733.40 y 5 299 902.60 pesos; con los servicios de salud de Nayarit uno más por 40 938 845.49; con la Secretaría de Comunicaciones y Transportes en Tamaulipas consiguió cuatro contratos por 1 747 347.87, 44 498.70, 668 278.49 y 16 688 785.64 pesos; con la Secretaría de Comunicaciones y Transportes Centro SCT Nayarit por 103 283 232.76; y con la Secretaría de Comunicaciones y Transportes Centro SCT Nuevo León por 21 964 463.32 pesos.

El monto total de los contratos conocidos otorgados a las empresas de Carmona Angulo ascendió a la sorprendente cifra de 259 millones 638 mil 433 pesos. Pero ¿a cambio de qué? Mi conclusión es que la vida de cualquier ser humano vale mucho más que esa suma, incluso más que los mil millones de pesos que el empresario asesinado tenía o tiene en un banco del Caribe. Sergio Carmona Angulo está muerto, y todos somos conscientes de que se llevó consigo numerosos secretos sobre la actual clase política en el gobierno. ¿Qué tan extendida era la corrupción que muchos lo querían muerto? Solo él y sus cómplices conocen la respuesta.

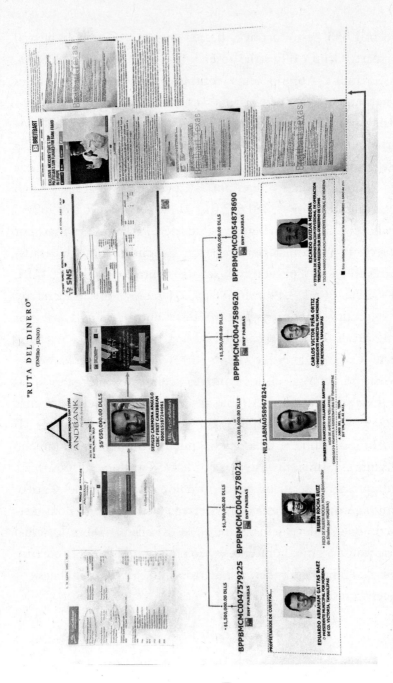

Ruta del dinero proporcionada por informantes cercanos a Carmona, con datos de Breitbart Texas.

16

Ernestina Godoy:
brazo ejecutor de venganzas

Muchos podrían pensar que aquellos que estudian para ser abogados tienen como principal misión defender a los más vulnerables y buscar justicia cuando se comete una injusticia. Sin embargo, a veces surgen excepciones notables y directas en este campo. Uno de estos casos es el de Ernestina Godoy Ramos, la fiscal de la Ciudad de México. En lugar de buscar la justicia imparcial, parece haberse convertido en el brazo ejecutor de las agendas personales de sus superiores: el presidente López Obrador y en su momento Claudia Sheinbaum. En esencia, ha sido juez y parte de una dictadura disfrazada de misericordia.

Al investigar el pasado de esta mujer, que ha perseguido con determinación a diversas personas, incluida la autora de este libro, me llamó la atención un detalle interesante. Durante su tiempo como diputada federal por el partido Morena en la LXIII Legislatura (2015-2018) formó parte de la Comisión de Delitos Cometidos por Razones de Género. Como podrá verse, esto resulta una gran contradicción.

La carrera profesional de la fiscal de la Ciudad de México parece estar tejida en una red de engaños. Gracias a artimañas, ha logrado escalar posiciones, trabajando estrechamente junto a López Obrador, quien la tuvo como su consejera jurídica durante su mandato como jefe de gobierno del Distrito Federal de 2000 a 2005. De 2012 a 2015 fue diputada local en la Asamblea Legislativa del Distrito Federal, donde la acosadora de mujeres se desempeñó como presidenta de la Comisión de Desarrollo Social, con una actuación gris. En septiembre de 2018 ocupó una curul como diputada del primer Congreso de la Ciudad de México y fue designada como coordinadora del grupo parlamentario de Morena. Luego, en noviembre de 2018, presentó una solicitud de licencia para volverse procuradora general de justicia de la capital.

Es importante mantenerse alerta en presencia de individuos como ella, cuyo deseo de servir a los intereses de sus superiores puede convertir a cualquiera en su víctima, como lo fue en su momento Rosario Robles. Godoy Ramos la envió a la cárcel con la ayuda de otro juez, el sobrino de Dolores Padierna, Felipe de Jesús Delgadillo Padierna, en lo que pareció ser una venganza relacionada con los videoescándalos de Carlos Ahumada.

Otra de sus víctimas fue la pariente política de su homólogo en la Fiscalía General de la República, Alejandro Gertz Manero, quien le pidió el pequeñísimo favor de encarcelar a Alejandra Cuevas Morán, hija de su cuñada, porque, según este hombre, no habían cuidado como se debía a su hermano Federico, que murió no en brazos de su pareja de más de 50 años, sino bajo su responsabilidad.

La fiscal, siempre dispuesta a cumplir los deseos de sus benefactores, se confabuló con otro juez para privar de la libertad a Alejandra, a pesar de que no había cometido ningún delito. Esta acción infligió un sufrimiento inmenso a la madre de Alejandra y a sus tres hijos, todo para ganarse el favor del fiscal de la nación.

Quizá la actuación más perversa de Godoy fue la que tuvo en el caso de la niña Fátima, una pequeñita de siete años de edad, quien fue privada de su libertad, abusada y asesinada. Tras la denuncia por su desaparición en febrero de 2020, las autoridades no solo fueron negligentes, sino que, para desprestigiar a la madre, Claudia Sheinbaum autorizó al DIF capitalino la difusión, a través de una tarjeta informativa, de supuestos reportes por negligencia y maltrato de la niña por parte de la madre y del padrastro. El asunto no quedó ahí, ya que la propia jefa de gobierno y la fiscal general, retuitearon la tarjeta informativa del DIF, lo que desató una ola de merecidos insultos para ambas "servidoras" públicas.

Fátima no pudo ser reportada el día que desapareció porque en las fiscalías de Xochimilco y Tláhuac les dijeron que debían esperar 72 horas, a pesar de tratarse de una emergencia con Alerta Amber. La insensible Ernestina, también madre de una hija que trabaja en la Secretaría de Gobernación con un salario de más de 22 mil pesos, descalificó a los padres en varias entrevistas, a quienes acusó de padecer "demencia senil" y una "enfermedad mental". La respuesta de la madre dolida no se hizo esperar: "No estoy loca, cualquiera de ustedes que se burle, mañana podrían ser sus hijas".

Vale la pena explicar, para comprender la calidad humana y profesional de estos servidores públicos, que uno de los fiscales que negó el servicio a los padres de Fátima, Osvaldo Jiménez Juárez, fue uno de los torturadores en el caso de Wallace. Jiménez también fue responsable de haber detenido a un perro y al padrastro de una menor por el delito de violación. El fiscal liberó al padrastro, a pesar de las pruebas contundentes en su contra, y dejó preso al perro. ¡Es real! Por supuesto, el animal resultó inocente. Pregúntenme, queridos lectores, muchos de los cuales deben ser padres de una niña como Fátima, si Ernestina Godoy fue procesada por revictimizar a los padres o por retuitear esa tarjeta informativa. ¡No! No ocurrió ni ocurrirá, aunque ella realice cacerías similares.

La insensibilidad de Ernestina Godoy también se vio en el caso de la muerte de las hermanas Sofía y Esmeralda, dos jóvenes que cayeron en una coladera en la alcaldía Iztacalco mientras se dirigían a un concierto. Contrario a lo que pasó con el accidente en la Línea 12 del Metro, cuando ni tarda ni perezosa Godoy se aventuró a culpar a los primeros encargados del proyecto, en esta ocasión no culpó ni al alcalde en Iztacalco, ni al director de servicios urbanos, ni a su ídolo, Claudia Sheinbaum, por esa coladera sin tapa. No, señores, en esta tragedia movió a todo su personal para llegar a un acuerdo reparatorio con el padre de las víctimas, lo que causó indignación en la madre, ya que el padre las había abandonado desde hace 15 años, es decir, cuando Sofía y Esmeralda eran bebés. En su insensibilidad, Ernestina concluyó que, aunque las hubiera abandonado, el papá era víctima indirecta y le pagaron por la muerte de sus hijas.

Otro incidente con una actuación lamentable de Godoy Ramos fue la desaparición en 2019 de Karen Espíndola en el Metro. La adolescente fue reportada por sus familiares, pero la fiscal carnala minimizó el hecho y dejó entrever que se trataba de una ¡desaparición voluntaria!, argumento que molestó a la madre de la adolescente. Pese al grave error, Ernestina se negó a ofrecer una disculpa a la víctima a quien, con filtración de información, intentó desprestigiar.

Este caso que les describo arriba no le sirvió de lección a la señora de las mascadas Pineda Covalin y anillos de plata, todos muy fifís, para quienes pregonan austeridad, porque en 2022 cometió el mismo error de descalificar a una víctima. El 15 de noviembre de ese año, cuando se dirigía a la escuela, Eli, una niña de 12 años, desapareció. Al conocer la denuncia, torpemente Ernestina dijo que se trataba, otra vez, de una ausencia voluntaria. Como era de esperarse, los padres de la desaparecida reprocharon a la fiscal su postura, por lo que ella, con esa cara inexpresiva que la caracteriza, tuvo que salir a decir: "Le pido una disculpa si le parece que fue una afirmación concluyente... si se sintieron ustedes agredidos, si se sintieron ustedes abandonados, pero sí quiero decirles que no ha parado la búsqueda". ¿Saben ustedes la cantidad de servidores públicos de la pasada administración que Ernestina ha inculpado por revictimizar a alguien? ¡Y ella sigue en la impunidad! Supe, por una exservidora pública acusada porque un empleado revictimizó a los padres de una víctima, que cuando le pidió a Ernestina que la fiscalía a su cargo se condujera apegada a derecho, no con algún privilegio, sino apegada a derecho, ella dijo: "¡Para mí, usted es culpable!". ¿O sea, la señora es fiscal o juez? Su síndrome de hubris la llevó a dar esa respuesta arrogante y soberbia.

Además, cuando el gobierno de Claudia Sheinbaum se desmoronaba debido a tantos accidentes y fallas en el Metro, el peligroso sometimiento de Godoy la llevó a exhibir a Viviana Salgado, una señora a la que accidentalmente se le cayeron unas aspas de lavadora en las vías de la estación Centro Médico, de la Línea 3 del Metro. La comadre de Andrés Manuel, Florencia Serranía, dejó hecho una desgracia este sistema de transporte y jamás fue acusada.

Viviana fue absuelta porque, como ella declaró desde el principio, fue un accidente. Sin embargo, antes de su absolución, Ernestina la exhibió en todos los medios de comunicación a través de una tarjeta informativa con una fotografía similar a la que utilizan para mostrar a los delincuentes. Viviana y su familia se quedaron incluso sin comer debido a que tuvieron que pagar a un abogado para que la salvara de ser encarcelada por el delito que le habían imputado: sabotaje. Su vida, según sus propias palabras en los medios de comunicación, se convirtió en una desgracia.

Ella, sus hijos y su marido perdieron sus trabajos debido a la insensibilidad de Ernestina y Claudia, quienes buscaban a alguien a quien culpar de todas las desgracias que ellas mismas habían causado. ¿Cree usted, querido lector, que le ofrecieron disculpas a Viviana o le ofrecieron trabajo en el gobierno después de haberle generado una imagen que los llevó al desempleo y a una mayor pobreza? No, eso no sucedió.

El siguiente dato será de gran ayuda para que Viviana comprenda la corrupción tanto de Ernestina como de Sheinbaum. En la Fiscalía General de Justicia de la Ciudad de México existe una denuncia penal ante la Fiscalía de Servidores Públicos contra un policía de la Secretaría de Seguridad Ciudadana que, con una banda organizada, se dedica a robar el cable del trolebús. El policía sigue trabajando como si nada, ya que no han encontrado ningún delito, a pesar de que esto sí constituye sabotaje, además de otros ilícitos. Viviana, aunque no te conozca, estas líneas sirven para que las personas comprendan que tu encarcelamiento fue un asunto político y que nunca hubo maldad en el accidente que te ocurrió cuando las aspas cayeron en las vías del Metro. Fuiste simplemente una víctima para que Ernestina y Claudia se desvincularan de la atención mediática debido a su ineficacia. Espero sinceramente que tú y tu familia no sigan siendo objeto de acoso debido a estas dos funcionarias, que solo son capaces en un 10 por ciento. A quienes te han ofendido, les recuerdo que en las vías del Metro han caído, también por accidente, un guajolote bebé, almohadas, celulares, zapatos, loncheras, mochilas, relojes, globos metálicos, patinetas, medicamentos, cafeteras y hasta una lancha, que, aunque no cayó sobre las vías, obstruyó la circulación de un tren de la Línea B en 2021. Ninguno de los propietarios de esos objetos fue detenido ni acusado de sabotaje.

Hablando de corrupción, no hay un acto de sumisión al presidente más grave que el que mostró Ernestina Godoy al decidir, de manera expedita, que la ministra Yasmín Esquivel, esposa de José María Riobóo, el constructor favorito de López Obrador, no había plagiado su tesis de licenciatura. El tema se volvió más complicado, ya que según sus "investigaciones", el abogado Ulises Báez fue el plagiario. A pesar de que había un delito que perseguir, Ernestina informó que no se ejercería acción penal contra él.

La fiscal carnala, quien además desapareció documentos, solo necesitó seis días para llegar a la "brillante conclusión" de que Yasmín era inocente, a pesar de que las propias autoridades universitarias reconocieron el plagio de la ministra en "su" tesis de licenciatura. Godoy Ramos quedó retratada como una abogada corrupta e inmoral. En febrero de 2023, pocas semanas después de haber fallado a favor de la ministra, el diario *El País* publicó una investigación en la que evidenciaba que además de la tesis de licenciatura, Yasmín Esquivel también había plagiado la tesis de doctorado. Esto demuestra dos cosas: que cuando se trata de proteger a los fieles de la 4T, la justicia puede ser rápida y expedita, y lo peor es que pueden cometer delitos y salir impunes. La ministra continúa en la Suprema Corte, el máximo órgano de justicia, donde cualquier asunto, ya sea de usted, mío o de cualquier mexicano, llegará tarde o temprano a sus manos. Ahí les contaré si la ministra recibe alguna instrucción presidencial, porque entonces no habrá ley que se respete.

Si no fuera por la triste realidad que estamos describiendo, parecería un chiste que la autora de este libro sea otra de las personas perseguidas por la fiscal de la Ciudad de México. En mi caso, Godoy Ramos, al no encontrar ningún delito, recordó que además de ser periodista, he dedicado gran parte de mi vida al activismo en favor de los derechos de los animales, especialmente de los de compañía como perros y gatos. En su afán por encontrar algo en mi contra, se lanzó en busca de un maltratador de animales para involucrarme en dos extensos expedientes civiles de mil 700 páginas cada uno, y me acusó de causar daño moral a un criador de perros de raza golden retriever por la absurda cantidad de 80 millones de pesos.

Lo verdaderamente incongruente, como suele ser el caso en el gobierno de la 4T, es que cuando asumió el cargo de diputada local en el Congreso de la Ciudad de México, Godoy Ramos se declaró defensora acérrima de los derechos de los periodistas, agradeciendo a los comunicadores por su papel crucial en la vida democrática de la capital. Como presidenta de la primera Legislatura del Congreso capitalino hizo un compromiso solemne el 19 de octubre de 2018 de aprobar leyes que protegieran la integridad física y la seguridad social de los periodistas. Este compromiso surgió espontáneamente después de recibir un reconocimiento de la revista *Proyección Económica* en su vigésimo aniversario, evento en el que fue oradora y dijo:

De ninguna manera debemos estar impasibles ante los agravios a los periodistas y sus medios. Mucho menos ante los asesinatos y desapariciones forzadas de los comunicadores. Condeno la criminal pasividad de los gobiernos ante tales hechos que además de vulnerar las libertades de prensa y expresión niegan a la sociedad su derecho a estar oportuna y verazmente informada.

No solo mintió en eso, también en su preocupación por el bajo salario que ganan los periodistas a pesar de su profunda labor social: "Además, no tienen ninguna seguridad social y desde hace cuando menos cuatro décadas han sido objeto de atentados de toda índole".

Godoy Ramos afirmó que cumpliría con su compromiso e hizo un llamado a todos los periodistas a no desistir en su labor, la cual es fundamental para la vida social, democrática y la convivencia en nuestro país y en el mundo. Y, bueno, como yo soy periodista y mujer de leyes, le hice caso y publiqué en octubre de 2022 *El rey del cash*, donde doy testimonio de lo que vi, escuché y viví durante los años en que López Obrador fue jefe de gobierno de la Ciudad de México y eterno candidato presidencial.

En ese momento el encanto se rompió. Me convertí en enemiga del sistema y, en menos de lo que canta un gallo, la exdiputada olvidó su promesa. Como fiscal, inició una persecución en mi contra simplemente por decir la verdad sobre la corrupción que rodea a López Obrador y su administración.

Me la imagino dando vueltas en su oficina, pensando y tramando cómo fabricar un delito para vengar la afrenta de exponer y señalar a su rey del cash. Y como no tengo dinero ni propiedades, se le ocurrió acusarme de maltrato animal, a pesar de que sabe que fui quien, en calidad de diputada constituyente, incluyó en la Constitución de la Ciudad de México el reconocimiento de los animales como seres sintientes.

En agosto de 2017, en la colonia Banjidal, ubicada en la alcaldía Iztapalapa, el llanto y el olor que emanaban de una vivienda captaron la atención de los vecinos, que descubrieron la existencia de un criadero clandestino de perros de raza golden retriever, propiedad de un hombre llamado Javier Gómez.

La comunidad reaccionó y notificó a las autoridades pertinentes. La delegada Dione Anguiano solicitó el apoyo de la Procuraduría de Justicia capitalina, la Procuraduría Ambiental y del Ordenamiento Territorial (PAOT) y la Brigada de Vigilancia Animal, que se movilizaron en un operativo de rescate. Y también me contactó a mí, pues conocía mi fundación de ayuda a animales.

Al llegar al lugar me encontré con el operativo en pleno desarrollo. Los agentes tocaron a la puerta de Javier Gómez, presentaron una orden y descubrieron a 38 perros golden retriever en condiciones deplorables. La Procuraduría no disponía de un lugar adecuado para albergar a estos animales, por lo que me solicitaron que encontrara un refugio seguro para ellos. Javier Gómez fue detenido y llevado a la Fiscalía.

Se dispuso un transporte especial para trasladar a los perros al antirrábico de Iztapalapa, donde recibirían atención médica y se verificaría si eran de raza pura, ya que Gómez los explotaba con fines de lucro. Durante dos días, los canes permanecieron en estas instalaciones.

Mientras tanto, me puse en contacto con una amiga que gestionaba un refugio en Morelos llamado Yaakunah. El Ministerio

Público coordinó el traslado de los perros a este lugar, donde se quedaron durante casi cuatro años. Aunque nunca pasaron por mis manos, fui designada como depositaria y, por lo tanto, tenía la responsabilidad de asegurar su bienestar y proteger sus vidas, de acuerdo con las instrucciones del propio Ministerio. Desde que los perros fueron trasladados a Morelos, saltaron a la vista problemas de salud en las hembras debido a la administración de hormonas para la reproducción.

En una ocasión me reuní con Ernestina Godoy, quien ya estaba al frente de la Fiscalía General de Justicia (FGJ) capitalina, para informarle sobre la situación de los golden. El caso estaba a punto de resolverse, con la decisión de que los perros fueran puestos en adopción y de que un juez determinara que tenían derecho a ser tratados con dignidad. La fiscal pareció mostrar buena voluntad. Sin embargo, poco después de nuestra reunión, sorprendentemente ordenó a los abogados de la Fiscalía que abandonaran el caso, argumentando que "no invertiría dinero en animales".

Javier Gómez estuvo detenido durante dos días y llegó a un acuerdo con la PAOT: pagó una multa de 20 mil pesos como compensación por el daño causado. Pero los vecinos habían denunciado el maltrato animal, no solo el olor.

En un último intento, le solicité a Ernestina la autorización para esterilizar a las hembras y así salvar sus vidas. A pesar de su compromiso inicial de salvaguardar a los animales, nunca recibí su apoyo en esta autorización. Aun así, decidí que era necesario esterilizar a las hembras.

Como ya dije, ayudé a los golden a encontrar un refugio seguro y digno mientras se resolvía el caso en los tribunales, un proceso que se extendió por varios años. Ni el "dueño" de los animales ni la Fiscalía de la Ciudad de México contribuyeron financieramente a su manutención, atención médica, cuidado o pensión durante este tiempo.

Como resultado de la falta de ayuda de la fiscal, perdimos el juicio y un juez ordenó que los animales fueran devueltos a Javier Gómez, quien los llevó a Cholula, Puebla. Regresaron con él 23 de los 38 golden retriever. Los otros 15 perecieron a causa de diversas enfermedades. El juez también le exigió que proporcionara una dirección donde estaría con los perros, para que la PAOT pudiera supervisar el trato digno que recibirían, pero el maltratador desapareció y se convirtió en prófugo de la justicia.

Después de la publicación de *El rey del cash*, Javier Gómez reapareció y presentó dos demandas en mi contra, tanto a la fundación como a mí como persona física nos acusó de daño moral.

El caso golden, por el cual se me impuso una multa de 5 mil pesos, fue iniciado por la propia Fiscalía en conjunto con otras entidades gubernamentales. Esto ocurrió después de que se comprobara la veracidad de la denuncia ciudadana sobre el maltrato animal, respaldada por notas periodísticas, videos en redes sociales y reportes de radio y televisión que se hicieron públicos el día en que los perros fueron liberados.

Hoy se me acusa por haber esterilizado a los 23 golden que fueron entregados nuevamente a Javier Gómez por orden judicial. La verdad es que, si no se hubieran esterilizado, todos habrían muerto debido a las terribles condiciones en las que este individuo reproducía a los animales. Las pruebas se encuentran en el expediente de la propia Fiscalía.

Hay otras mujeres periodistas que me han contado que han sido víctimas de la persecución por parte de Godoy Ramos, pero no me han autorizado a contar su historia aquí. Lo que sí puedo decirles es que cualquier persona, hombre o mujer, que se atreva a criticar a su opresor o a su jefa Sheinbaum, calca del presidente, sufrirá el acoso de esta señora que no sabe honrar su profesión. Mancha la reputación de la abogacía y daña las leyes que deben ser empleadas para hacer justicia a los oprimidos.

17

Adriana Castillo Román:
amiguismo y nepotismo

Hay un dicho de los abuelos que reza: "Jalan más las cintas de las enaguas que una yunta de bueyes". En el caso de Adriana Castillo Román, esto resultó ser cierto, ya que durante mucho tiempo ha estado respaldada por el poder de quien fuera su pareja, Alejandro Esquer Verdugo, secretario particular del presidente López Obrador. Colaboradores cercanos de Adriana afirman que ella debe gran parte de su carrera a su relación con Esquer: "Adri es hechura de su exnovio".

Esta relación sentimental duró varios años hasta que se vio interrumpida por la intervención de una tercera persona durante la campaña electoral de 2006. En ese momento Adriana se retiró al interior de la República y regresó a la luz pública poco antes de que López Obrador ganara la presidencia.

Adriana, con una trayectoria como periodista y también nana ocasional del hijo menor del presidente, Jesús Ernesto López Gutiérrez, se encontró de repente en un puesto de gran importancia como directora general de Promoción Cultural y Acervo Patrimonial de Palacio Nacional, con un salario superior a los 150 mil pesos. Lo curioso es que carecía de experiencia en temas culturales o patrimoniales.

La facilidad con la que la corrupción se propaga es evidente cuando personas como Adriana ocupan puestos clave. Su llegada a Palacio Nacional y su nombramiento en la Dirección de la Conservaduría de Palacio Nacional, que depende de la Secretaría de Hacienda, fueron decisiones de Beatriz Gutiérrez.

En este contexto, es importante destacar dos puntos. En primer lugar, la ineptitud también puede considerarse una forma de corrupción y debe ser señalada, sin importar el género de la persona que la comete. En segundo lugar, en muchas ocasiones la red de corrupción se teje a través de relaciones, ya sean comerciales o amorosas, que permiten a los corruptos enriquecerse a través de actos ilícitos.

En la introducción de la *Cartilla moral*, López Obrador expresó su deseo de lograr un renacimiento en México, promoviendo el progreso con justicia y una forma de vida basada en el amor a la familia. Sin embargo, en el caso de Esquer, queda la pregunta de a cuál familia se refería exactamente: ¿a la que formó durante su "noviazgo" con Adriana Castillo o a la que construyó con su esposa Alejandra Camacho González? Esta última, por cierto, tiene un puesto como gerente de capacitación, desempeño y compensaciones en Pemex, con un salario mensual de más de 160 mil pesos.

El mismo día en que Adriana, la amiga de la no primera dama, asumió su cargo, tomó una decisión controvertida. Ordenó que la mitad del presupuesto se destinara al presidente, y dispuso que solo aquellos que compartieran la ideología lopezobradorista podrían trabajar con ella. Esta medida fue interpretada por muchos como un acto de culto a la personalidad mesiánica y un robo abierto.

Además, Castillo Román usó tácticas intimidatorias para imponer su voluntad, lo que algunos empleados afirman que aprendió de su relación anterior con Esquer.

La Dirección General de Promoción Cultural y Acervo Patrimonial y la Conservaduría de Palacio Nacional son áreas que quizá no sean muy conocidas para la mayoría de los mexicanos, pero su importancia radica en la preservación de las valiosas obras de artistas culturalmente notables, como Raúl Anguiano, quien donó su obra con la promesa de que se abriría una sala especial para que los visitantes apreciaran su talento como pintor.

Sin embargo, una vez que Adriana Castillo asumió el cargo como directora, bajo el pretexto de la austeridad republicana promovida por el presidente, tomó la decisión de fusionar áreas previamente independientes, incluida la Conservaduría, y centralizarlas todas bajo su dirección. Esto le permitió consolidar los presupuestos de cada área y entregar la mitad al mandatario, siguiendo una tendencia que se observa en otras dependencias del gobierno federal. La otra mitad del presupuesto la usó para el pago de salarios a sus allegados y recomendados.

En primer lugar contrató a su tía, Laura Severa Román, quien, a pesar de no tener un cargo oficial, ejerce un gran poder sobre el personal y toma decisiones importantes. En su página de Facebook, Laura ha compartido fotografías donde posa sonriente en el interior del Salón de Plenos de la antigua Cámara de Senadores, en la calle de Xicoténcatl.

Varios trabajadores que dependen de Castillo Román han confirmado que su tía recibe un generoso salario por honorarios, aparentemente para evitar acusaciones de nepotismo. Sin embargo, los intentos por guardar las apariencias no han tenido éxito, ya que la Dirección General de Promoción Cultural y Acervo Patrimonial parece haberse convertido en una especie de agencia de empleo para amigos, familiares y hasta académicos que ayudaron a Beatriz Gutiérrez a completar su doctorado.

En esta área se contrató a personas recomendadas no solo por la propia Castillo Román, sino también por la secretaria privada del presidente, Laura Nieto, lo que debería generar preocupaciones sobre el manejo parcial de los recursos.

El nepotismo, amiguismo e influyentismo en la Dirección General de Promoción Cultural y Acervo Patrimonial han creado una situación en la que el titular de la Secretaría de Hacienda, Rogelio Ramírez de la O, parece tener poca o ninguna injerencia. En cambio, parece ser que Beatriz Gutiérrez y Adriana Castillo son las que controlan la mayoría de las actividades culturales en la institución, y solo contratan a personas que comparten la ideología de López Obrador, como el caso de la cantante Eugenia León.

De acuerdo con testimonios valientes de empleados que han hablado sobre las irregularidades en el área, en administraciones anteriores se llevaban a cabo al menos 400 eventos culturales al año, pero bajo el liderazgo de Adriana la cantidad se ha reducido a menos de 100.

Además, aseguran que la titular de Promoción Cultural y Acervo Patrimonial ha descuidado seriamente la preservación de importantes obras de Palacio Nacional. Se menciona un daño irreversible al mural de Diego Rivera *Epopeya del pueblo mexicano*, las escalinatas que conducen a él y el Salón Tesorería, que cuenta con mosaicos italianos. Estos lugares, que solían estar disponibles para los mexicanos, ahora están cerrados al público, aparentemente debido a su proximidad al departamento donde viven fastuosamente López Obrador y Beatriz Gutiérrez.

Poco a poco, lamentan, la esposa del presidente se ha ido adueñando de Palacio Nacional. Cada día son menos los mexicanos que pueden acceder para conocerlo, ya que a la señora le molesta que el pueblo bueno que apoya a su marido entre en el recinto.

Para consolidar su poder y tener contenta a su amiga, Castillo Román despidió a personal calificado encargado de la conservación de las obras de arte y a experimentados curadores con más de 20 años de servicio, en favor de su propio círculo, incluso de personas con conexiones personales, como la que fuera niñera de su hija, Lucila Concepción Vargas Medellín, quien ahora ocupa un puesto importante como subdirectora de Promoción Cultural, con un salario bruto mensual de 62 mil pesos. Entre sus labores, esta funcionaria se encarga de recibir a diplomáticos que visitan el palacio para conocer su acervo histórico y recorrer las 10 salas, siete de ellas de exhibición y tres de ambientación, donde se encuentran pinturas, bustos y reliquias como el costurero de Margarita Maza de Juárez.

Otra recomendada para un cargo de primer nivel es Patricia López Arenas, quien solía trabajar en la escuela donde estudiaba Jesús Ernesto López Gutiérrez. Hoy en día es directora general adjunta. Dolores Saucedo Ruz, quien era vendedora de bienes raíces, ahora ocupa el cargo de directora general adjunta de Museos y Exposiciones, simplemente por ser amiga de Laura Nieto. Incluso el hijo de la señora que realiza la limpieza para Adriana Castillo Román, Jerry Gayoso, figura en la estructura como ayudante de actividades artísticas.

Sin embargo, es evidente que con los despidos de personal especializado, la Dirección General de Promoción Cultural y Acervo Patrimonial, así como la Conservaduría de Palacio Nacional, está sufriendo un deterioro progresivo. Esto ha llegado a tal punto que la propia institución emitió un comunicado el 16 de febrero de 2023 explicando una medida aparentemente injustificable: la eliminación de documentos, libros y periódicos de la Biblioteca Miguel Lerdo de Tejada, alegando que no se alineaban con los contenidos ni los inventarios de la biblioteca. Esto plantea la pregunta de si esta decisión se basa más en no ajustarse a la ideología del presidente Andrés Manuel López Obrador, en lugar de motivos técnicos.

Ante esta situación, los especialistas que fueron despedidos por Castillo Román han expresado claramente su desacuerdo:

NO A LA DEPURACIÓN. Defensa de un Tesoro Nacional. La Biblioteca Miguel Lerdo de Tejada, de la Secretaría de Hacienda y Crédito Público, es una de las más importantes de la nación mexicana. Con una historia que vincula los mejores propósitos de la protección del patrimonio documental e histórico de México con elevadas aspiraciones institucionales y culturales, fue creada en la década de 1920, bajo el impulso del ministro Luis Montes de Oca, continuado por personajes de la talla de Jesús Silva Herzog, Francisco Gamoneda, Daniel Cosío Villegas, Agustín Yáñez y Moisés González Navarro, entre muchos otros. Su existencia y solidez ha sido un trabajo de varias generaciones de estudiosos y equipos de personal hacendario comprometidos con la custodia, organización, consulta y difusión de los ricos acervos, así como del respaldo de las autoridades hacendarias, para las cuales la Biblioteca ha sido un verdadero tesoro que enorgullece a la SHCP, al gobierno federal y a la nación en su conjunto. En estos días ha circulado profusamente la noticia sobre un "descarte" de libros, folletos, revistas, diarios oficiales (de la federación y de los estados) de la Biblioteca, justificando que son libros "no afines ni a los contenidos ni a los inventarios bibliohe-merográficos de la Biblioteca" y que "carecen de valor histórico".

Esta depuración, como reza el documento que contiene la aclaración oficial con fecha del 16 de febrero del presente año, "contempla tomos obsoletos o desactualizados, materiales mutila-dos o deteriorados por agentes naturales, exceso de tirajes, impre-siones deficientes, engargolados, trípticos, publicaciones sueltas y periódicos diversos". En una biblioteca con el valor y la relevancia de la Lerdo de Tejada, el descarte o depuración resulta contrario a la protección del valioso e importante patrimonio bibliográfico y hemerográfico que custodia. Enviar como desecho, "al kilo", una parte del acervo de la Biblioteca pone en serio riesgo la integri-dad de las colecciones que la integran, producto de tantos años de recursos y trabajo institucional y social. Por todo lo anterior, resul-ta imperativo detener de inmediato la "depuración" del acervo de la Biblioteca Miguel Lerdo de Tejada. Consideramos que, en reali-dad, no existe ninguna razón para apurar decisiones o valoraciones que pueden dar lugar a daños irreversibles en unas colecciones que son un verdadero tesoro nacional.

Pese a las demandas por preservar los archivos, Adriana no cede y el riesgo de desaparecerlos está latente.

Como muchos funcionarios de la administración lopezobrado-rista, Castillo Román no vive en la austeridad republicana que el presidente demanda al pueblo, al que le ha dicho que con un solo par de zapatos se puede vivir. Según su declaración pa-trimonial, Adriana posee una casa de 5.5 millones de pesos; su comedor le costó 45 mil pesos; su cama y sus colchas, 60 mil pesos, y la vajilla con la que come y algunos otros enseres, 28 mil pesos.

Los mexicanos no debemos olvidar que la ineptitud también es corrupción. Como ninguno, este gobierno ha echado mano de periodistas para tareas en las que no tienen especialización alguna. Adriana es una de ellas, pero también lo son la secretaria de Seguridad Ciudadana y al menos dos embajadores. A Castillo Román, colaboradora ocasional del periódico *La Jornada*, más que conservar riquezas históricas, le interesa cumplir la exigencia de López Obrador: tener a su lado a funcionarios 90 por ciento leales con solo 10 por ciento de capacidad. Y el que pierde es el país, mientras la nueva clase política se convierte en lo que tanto criticaban.

18

SEP, escuela de corrupción

Antes de irse de la Secretaría de Educación Pública (SEP), Delfina Gómez Álvarez hizo de la dependencia una escuela de corrupción. Como buena alumna del presidente López Obrador, sacó y entregó cash en detrimento de los niños mexicanos que acuden a las escuelas públicas. Un caso, entre los muchos que han salido a la luz, es el de Aprende Mx. Durante la gestión de Gómez Álvarez se llevó a cabo un robo hormiga destinado a financiar su campaña política para la gubernatura del Estado de México. A pesar de tener el antecedente de haber sido sancionada económicamente por descontar el "diezmo" a los empleados de Texcoco cuando fue presidenta municipal, obtuvo la candidatura y luego ganó las elecciones. Por supuesto, aquella sanción no garantizó que todos esos empleados recuperaran su dinero.

La historia central de este capítulo involucra un fraude presuntamente cometido por Azucena Pimentel Mendoza y ordenado por Delfina Gómez, quien apenas asumió la titularidad de la SEP contrató a la productora Manatie Prod, S. A. de C. V. Con ello, la maestra y la exempleada de Televisa "no se comieron el bistec, sino la vaca entera", aseguraron las fuentes anónimas, que temen represalias por parte de los lopezobradoristas.

Recordemos que Azucena Pimentel, conocida por su trabajo como productora en Televisa junto a Carlos Loret de Mola, se unió al equipo del presidente durante su campaña. Tras la victoria electoral, Pimentel fue nombrada directora general de Producción en el área de Comunicación Social de la Presidencia, bajo la supervisión de Jesús Ramírez Cuevas.[1]

Es importante destacar que Pimentel Mendoza había sido señalada por su participación en el montaje del caso Florence Cassez, una acusación que ella negó, y amenazó con emprender acciones legales contra quienes sugirieran su implicación. En ese contexto, el propio presidente López Obrador expresó su posición en una conferencia de prensa en abril de 2021: "Si ella tuvo que ver, no puede trabajar en el gobierno de nosotros, si no tuvo que ver y tiene alguna justificación que sea convincente, pues entonces puede seguir trabajando, pero eso se lo dejamos a Jesús [Ramírez] y hoy mismo lo resolvemos". Curiosamente, aunque López Obrador no perdona a Carlos Loret de Mola por su papel en ese asunto, Pimentel recibió un trato más indulgente y no fue destituida, sino reasignada como directora general de Aprende Mx.

Aprende Mx ha pasado por varias transformaciones a lo largo de los años, comenzando en la administración de Enrique Peña Nieto con el programa piloto de tabletas electrónicas. Posteriormente, se lanzó Aprende 2.0, un programa de aula in-

[1] Poco antes, según información pública, a través de su empresa Transmedia Audiovisual, S. A. P. I de C. V., Pimentel Mendoza fue beneficiada con dos contratos por más de 7 millones 500 mil pesos durante la recta final del gobierno de Enrique Peña Nieto: https://www.spr.gob.mx/sipot/ca/drm/01_contratos/01_contrato_pedido/2018/SPR_073_2018.pdf.

teligente que resultó un fracaso y dinero tirado a la basura. Durante la pandemia, la Dirección General de Televisión Educativa (DGTVE) desapareció y se fusionó con la Coordinación General Aprende Mx, con el propósito de desarrollar programas educativos para el aprendizaje en casa durante la crisis del covid-19.[2]

Durante ese tiempo, dicen, los costos no eran tan altos, pero "cuando terminó la pandemia, se dieron cuenta de que la educación y los programas educativos eran poco o nada auditables". Por eso se usó a Manatie Prod para que facturara por un trabajo que en realidad realizaban los creativos que trabajaban como parte de la estructura en la SEP. En otras palabras, todo era una simulación.

Subrayan las fuentes que es evidente que los recursos que Manatie Prod recibía, aproximadamente 120 millones de pesos anuales por supuestos trabajos audiovisuales, se desviaban para financiar la campaña de Delfina Gómez.

Los informantes explican que Azucena Pimentel ha entrado en el mismo sistema de corrupción en el que parecen nadar todos los funcionarios de alto nivel del presidente López Obrador.

Los denunciantes explicaron la dinámica del fraude de la empresa involucrada, Manatie Prod: simular la creación de una cierta cantidad de videos encargados por la SEP, facturar por varios millones de pesos y luego devolver el dinero. A cambio, recibían una comisión sustancial. Quizá, señalan, la facilidad para llevar a cabo este tipo de negocios es lo que mágicamente le consiguió a Azucena Pimentel el beneplácito del presidente.

---

[2] Itzel Castañares, "SEP desaparece a la DGTVE sin definir si AprendeMx asume control de contenido educativo", *El CEO*, 30 de septiembre de 2021.

¿Cómo se llevaba a cabo el fraude? Aprende Mx, compuesta por trabajadores de la estructura del gobierno federal, producía, por ejemplo, 10 programas, pero los directores solo registraban cinco como ingresos en la videoteca, y atribuían los otros cinco a la empresa Manatie Prod, que facturaba y luego devolvía el recurso con su comisión deducida.

Pimentel, explican, tomó precauciones para que la trampa que se hacía desde su dirección no se hiciera pública, y posiblemente continúa operando bajo la protección de Leticia Ramírez Amaya, la secretaria que habría seguido suministrándole dinero a Delfina Gómez para su campaña.

La Coordinación General de Aprende Mx instaló un software de rastreo antes de ser derogada y enviada a la oficina de la secretaria Ramírez Amaya. Esto se hizo con el fin de monitorear las actividades de todos los empleados, ya que se acercaba la adquisición, por adjudicación directa, de dos proyectos educativos por un valor de 260 millones de pesos. Sí, nuevamente la empresa Manatie Prod sería supuestamente la beneficiada.

Lo innegable es que, tal como lo declaró el propio Andrés Manuel, "no hay negocio jugoso que se haga sin el visto bueno del presidente de la República". En este esquema de robo descarado en el que participó Delfina Gómez, además de Pimentel, estuvieron involucrados Leonardo Abraham Abaroa Miranda, quien era el director administrativo; Enrique Quintero Mármol, Gerardo Lerma, Angélica Gómez y Óscar Flores Jiménez, este último contratado ya por Leticia Ramírez.

Los denunciantes mencionaron que el estilo de vida que llevan tanto Azucena Pimentel como su mano derecha, Leonardo Abaroa, no concuerda con los salarios que perciben. Aunque la exempleada de Televisa obtiene más de 156 mil pesos de salario, ambos gastan como millonarios, tienen automóviles del año y chofer. En el caso de Abaroa, incluso se mudó a una de las zonas con mayor plusvalía de Coyoacán.

Además de lamentar que la DGTVE hubiera desaparecido, después de más de dos décadas de haber sido el principal generador de contenido audiovisual educativo, empleados de Aprende Mx aseguran que la corrupción que comenzó con Delfina Gómez ahora continúa con Leticia Ramírez Amaya.

En muy pocos años Delfina Gómez se convirtió en toda una operadora de cash, tanto para entregárselo al presidente López Obrador como para beneficio propio. Aunque han intentado ocultar sus delitos, constantemente son evidenciados, como ocurrió cuando la Auditoría Superior de la Federación (ASF) publicó su informe sobre los subsidios federales destinados a organismos descentralizados estatales en el ámbito de la educación pública. En dicho informe, la ASF encontró irregularidades en la SEP, en pagos de sueldos y prestaciones, categorías no consideradas, trabajadores registrados como fallecidos en la nómina y bienes adquiridos que no se localizan o no funcionan, con un monto que podría llegar hasta los 830 millones de pesos.

También estuvieron bajo escrutinio cuando adquirieron cubrebocas a un precio elevado: su costo en el mercado era de 30 pesos, mientras que ellos pagaron casi 80 pesos por cada uno, según lo revela el contrato CG@/009/2021, firmado por Azucena Pimentel Mendoza. Aquellos que están familiarizados con la dinámica de fraude en la SEP están seguros de que el sobreprecio se debió a una mochada para la empresa, y el resto también fue destinado a la campaña de la impresentable Delfina.

En la SEP, al igual que en muchas otras dependencias, el *modus operandi* es el mismo. Lamentablemente, en la red de corrupción muchas empresas anteponen sus intereses personales al bienestar de los mexicanos. Delfina ni siquiera debió haber sido candidata a la gubernatura del Estado de México, y el gran corruptor debería estar reflexionando sobre el impacto de su doctrina de corrupción en numerosos funcionarios, así como en el daño que los nuevos planes de estudios y el rediseño del sistema educativo pueden causar, siendo dirigidos por ideólogos como Marx Arriaga Navarro y Sady Arturo Loaiza Escalona, un exfuncionario venezolano del régimen de Nicolás Maduro. Lo que queda claro es que López Obrador continuará promoviendo la corrupción y que la educación se convertirá en un medio para perpetuar sus propios intereses.

19

Notimex y las comadres del presidente

El presidente López Obrador siente desprecio por las mujeres que no agachan la cabeza ante sus necedades, por las que salen a las calles a defender sus derechos violentados y por las que alzan la voz para denunciar que son víctimas de la omisión e inacción que lamentablemente ha costado la vida de niños y mujeres con cáncer. Entre esas mujeres a las que odia el presidente, por supuesto, no se encuentra su comadre, la maoísta Carmen Lira Saade, directora del periódico *La Jornada*, quien no solo goza del "cariño" del mandatario, sino también de muchos beneficios económicos a través de miles de millones de pesos recibidos por publicidad gubernamental, esa que tanto Andrés como Carmen criticaron ferozmente cuando se les daba a otros medios de comunicación. AMLO le entregó Notimex como cuota de poder, desde donde usó el presupuesto para pagar *bots* en contra de quien criticara a su compadre.

Tan solo entre enero de 2019 y diciembre de 2021, *La Jornada* recibió 771.16 millones de pesos, un poco más abajo de TV Azteca, que obtuvo 848 millones de pesos y muchísimo más que medios con mayor impacto como TeleFórmula, que recibió 195.25 millones de pesos de publicidad. La falta de equidad en la distribución del gasto general podría, hasta cierto punto, atribuirse al privilegio de Carmen Lira de ser la madrina de José Ramón y Andrés Manuel López Beltrán; lo injustificable es que el presidente le haya entregado un medio estatal por esa relación.

Con todo el poder otorgado por el compadre, Lira Saade decidió cómo ejercer los presupuestos de Notimex, sin importarle haber perjudicado a más de 180 trabajadores, entre personal administrativo, reporteros y fotógrafos. Para lograr su objetivo, la comadre impuso a Sanjuana Martínez al frente de la agencia noticiosa que entró en huelga desde febrero de 2020. Sanjuana fue reportera de *La Jornada*, cuyos columnistas y reporteros se convirtieron en lo que el propio López Obrador detestaba: periodistas orgánicos del sistema.

Sanjuana destruyó Notimex. La agencia, que daba servicio a todos los medios de información escrita y electrónicos, se convirtió en un cascarón en el que esta mujer se sintió reina, aunque nunca dejó de ser peón, operando bajo las órdenes de Carmen Lira, quien por el compadrazgo con el tabasqueño intimidó a todos los funcionarios de alto nivel del gabinete lopezobradorista que no podían resolver, durante casi cuatro años, el conflicto laboral desatado por la reportera regiomontana.

Escribir sobre este caso no es asunto menor, al contrario, es fundamental porque en él se conjugan muchos vicios que el presidente López Obrador prometió erradicar cuando asumió la responsabilidad de gobernar a nuestro país: compadrazgo, influyentismo, abuso, nepotismo, violación a la libertad de prensa y, sobre todo, corrupción. Notimex fue la caja chica de Carmen Lira y Sanjuana Martínez. La mayor parte del presupuesto de Notimex la ocuparon para pagar a los *bots* que atacan sin piedad a los opositores del presidente, ya sean políticos, intelectuales, periodistas, sociedad civil y a todos los que osan criticar el mal gobierno del tabasqueño. Para esta tarea, tan solo en 2022 gastaron la mayor parte del presupuesto, 228 millones 100 mil 328 pesos, en esa "defensa" del presidente.

Para el ejercicio 2023 a Notimex le asignaron 237.6 millones de pesos, el mayor presupuesto en la historia de la agencia, de estos, 157.4 millones de pesos correspondieron a servicios generales, es decir, sueldos y salarios de la plantilla que la propia Sanjuana Martínez contrató para escribir notas periodísticas contra los enemigos del presidente López Obrador... y de Carmen Lira, aunque resulte increíble.

El 22 de mayo de 2020 la conductora de noticias Carmen Aristegui denunció en su programa radiofónico que estaba siendo sujeta de un ataque "virulento" desde las redes sociales por su tarea informativa, solo porque había decidido, como lo ha hecho en su trayectoria periodística, señalar errores del presidente. Esa mañana dijo: "La tónica de los ataques registrados la última semana parece ser *matar al mensajero o a los mensajeros*".

Lo que motivó el ataque de *bots* contra Aristegui fue la difusión de una investigación a cargo de Signa Lab del ITESO y Artículo 19, que concluyó que Notimex realizaba acciones coordinadas para acosar, agredir e intimidar a periodistas y extrabajadores e incluso a sus familiares, lo que podría configurar delitos y daños patrimoniales. Sanjuana negó los hechos, pero siguió con la misma estrategia de usar el presupuesto de la agencia para lo que requiriera su jefa Carmen Lira.

En mi proceso de investigación tuve la oportunidad de platicar con dos compañeras reporteras, Adriana Urrea Torres, quien asumió la secretaría general del Sindicato Único de Trabajadores de Notimex (SutNotimex), y Jaqueline Rico, quienes me explicaron cómo fue el viacrucis por el cual caminaron para tratar de solucionar el problema con la directora de Notimex.

Durante cuatro años, la sindicalista tocó la puerta de innumerables funcionarios del gobierno lopezobradorista, desde el vocero Jesús Ramírez hasta Olga Sánchez Cordero o Adán Augusto López, cuando estaban al frente de Gobernación. Al enterarse del asunto y de quién estaba detrás, prefirieron lavarse las manos y abstenerse de hablar con la verdadera "dueña y señora" de Notimex: Carmen Lira.

Sostener una huelga de más de 180 trabajadores en estas condiciones fue muy difícil para Adriana. Reporteras, reporteros y fotógrafos aguantaron años sin tener salario. Recurrieron incluso al boteo para sostener la huelga y no perder la esperanza de que las autoridades laborales les dieran la razón y se actuara conforme a derecho.

Hay mucho de fondo en el proceder de la comadre del presidente tabasqueño. En el caso de Notimex, Carmen Lira parece haberla usado como una herramienta de venganza contra Arturo Alcalde Justiniani, el padre de la secretaria de Gobernación, Luisa María Alcalde. Esto se debe a que cuando él formó parte del consejo de administración de *La Jornada* defendió a los trabajadores, cuyo contrato colectivo había sido violado flagrantemente por Lira cuando ella asumió la dirección del diario. En distintas ocasiones *La Jornada* ha publicado noticias que sugieren que la secretaria Luisa María Alcalde podría tener conflictos de interés en asuntos en los que su padre actúa como representante o asesor.

La huelga de los trabajadores de Notimex fue una afrenta para Lira, debido a su creencia de que detrás de la resistencia está el papá de la secretaria de Gobernación, quien ha fallado, desde la secretaría del Trabajo y ahora en Gobernación, en favor de los derechos laborales de los afectados. Sin tener elementos, Carmen Lira y Sanjuana Martínez acusaron de conflicto de intereses al padre de la funcionaria y eso evitó que, en su calidad de secretaria general del sindicato de Notimex, Adriana Urrea lograra avanzar en el conflicto.

Además del compadrazgo que los une, Carmen Lira ha puesto a *La Jornada* a los pies de López Obrador, quien le ha dado contratos millonarios a través del diario, pero también de la empresa Imprenta de Medios, S. A. de C. V. Dicha empresa fue contratada año con año durante la VI Legislatura de la Asamblea Legislativa del Distrito Federal, con autorización de Manuel Granados Covarrubias y Ariadna Montiel, para una supuesta digitalización de materiales, la cual ya estaba hecha, y aun así se les pagó. Imprenta de Medios es el arma con la que *La Jornada* presiona a políticos de todos los niveles para obtener contratos.

En 2018 PejeLeaks reveló que José Ramón López Beltrán vivía en una casa prestada (como es su costumbre) en la calle de Filosofía y Letras 92, en la Ciudad de México, propiedad de Guillermina Aurea Álvarez Cadena, asistente de Carmen Lira. La información no fue desmentida debido a que había un recibo de teléfono a nombre de José Ramón, con la dirección mencionada.

¿Qué pueden esperar de Carmen Lira y López Obrador los periodistas y fotógrafos despedidos de Notimex? Poco, lamentablemente poco. Para Lira, "en cualquier parte del mundo, [el periodismo] es un ejercicio político, con matices y colores, con posiciones ideológicas, donde la objetividad es simplemente impracticable".[1] El periodismo, habrá que explicarle a la comadre, no es un *ejercicio político* como tal, sino un arma de defensa de la democracia que, si bien puede tener colores y matices en su descripción o narración, no puede tomar una posición ideológica ni perder la objetividad. La doble moral de esta mujer, que recientemente recibió un premio de Cuba, la ha llevado a criticar la persecución de la comunidad LGBTQ en la isla, pero a demostrar total indiferencia a las precarias condiciones de vida de los cubanos y los terribles castigos y persecución política del régimen. Por lo que hace a Andrés Manuel, solo basta recordar que en la huelga de 2017 en *La Jornada* el morenista se puso del lado de su comadre y de los directivos, no de la base trabajadora.

Carmen Lira, como todos los que forman parte de las redes de corrupción, también ha recibido "apoyo" para su familia o amigos cercanos. Su hermana Norma Esperanza Lira Saade fue candidata a la Asamblea Constituyente de la Ciudad de México en 2016, mientras que su exjefe y amigo Carlos Payán Velver (1929-2023) ocupó un puesto como agregado diplomático en España, aunque dicen que nadie lo vio ejercer el cargo.

En el caso de Sanjuana Martínez, su hermana, Sagrario Martínez Montemayor, ha sido beneficiada con diversos programas del Conahcyt a raíz de la llegada de su hermana a Notimex; de tener un apoyo de 17 mil 151 pesos, pasó a obtener subsidios de 23 mil 720, 24 mil 520, hasta 73 mil 560 pesos, es decir, cada vez mayores, mientras los huelguistas de la agencia no tenían ni para llevar alimento a sus familias. De acuerdo con testimonios que me dieron los extrabajadores de Notimex.

---

[1] Jorge A. Pérez *et al.*, "Desde hace 28 años damos voz a los que no se resignan a la decadencia: Lira Saade", *La Jornada*, 21 de agosto de 2012.

La situación en la agencia era tan crítica que en 2019 el gobierno de Estados Unidos, a través de su Departamento de Estado, acusó a Sanjuana de participar en los ataques contra los reporteros que hacían preguntas incómodas al presidente de México. Por supuesto, *La Jornada* y López Obrador salieron en defensa de esta periodista que en algún momento de su vida también se dijo perseguida del régimen y hasta a la cárcel fue a parar por haber violado los derechos de su exesposo a la convivencia con sus dos hijos menores.

En estas páginas podrán consultar los presupuestos que le fueron asignados a Sanjuana Martínez desde el inicio del gobierno de López Obrador, quien se ha hecho de la vista gorda, simple y sencillamente porque le conviene proteger este caso de corrupción para que defiendan a su jefe de los ataques en las redes sociales.

Como presidente, López Obrador ha hecho a un lado a los medios de comunicación profesionales para rodearse de youtubers que le hagan preguntas a modo en sus conferencias matutinas y que se pueda sentir como pez en el agua y hablar de lo que le venga en gana y acusar, sin pruebas, a sus críticos. Olvida y olvidan sus comadres que el poder no es para siempre y deberán rendir cuentas del dinero público de todos los mexicanos desperdiciado en sus bajas venganzas, a costa de la tranquilidad de muchas familias a cuyos sostenes dejaron sin empleo.

En 2023 la historia de Notimex no tuvo el final más deseable, pues el presidente, fiel a su estilo, simplemente decidió destruir la institución, en vez de intentar repararla. Llegó a decir incluso que para qué queríamos Notimex, si ya teníamos la mañanera. Durante el cierre de este libro, la secretaria Luisa María Alcalde publicó un tuit celebratorio tras el "acuerdo alcanzado con el Sindicato Único de Notimex y su secretaria general, Adriana Urrea". Mientras tanto, la propia Adriana declaraba a *El País* tener "sentimientos encontrados", pues "sabe que es un paso positivo para proteger una parte de los derechos de los afectados", pero en realidad "su lucha buscaba la recuperación de sus empleos": "El sentimiento para nosotros es de mucha tristeza porque no era lo que nosotros queríamos, nosotros peleamos a nuestra fuente de trabajo. Es eliminar a una agencia con 55 años de historia, un medio de comunicación público que era un referente nacional e internacional".[2]

Sirvan estas líneas para solidarizarme con el gremio de Notimex y exigir a las autoridades que se actúe conforme a derecho.

[2] Karina Suárez, "La agencia pública de noticias Notimex da el primer paso rumbo a su extinción", *El País*, 4 de octubre de 2023.

Top 10 de medios 2019-2021

(Cifras en millones de pesos de 2022)

MEDIOS	TOTAL	% DEL TOTAL GENERAL
TELEVISA, S.A. DE C.V. (GRUPO TELEVISA)	$933.00	10.79% —
ESTUDIOS AZTECA, S.A. DE C.V.	$848.75	9.81% —
LA JORNADA, DEMOS DESARROLLO DE MEDIOS, S.A. DE C.V.	$771.16	8.92% —
MEDIOS MASIVOS MEXICANOS, S.A. DE C.V. (VARIOS PERIODICOS)	$521.52	6.03% —
GRUPO DE RADIODIFUSORAS, S.A. DE C. V. - GRUPO FORMULA	$322.18	3.73% ▪
TELEFORMULA, S.A. DE C.V. (RADIO)	$195.25	2.26% ▪
CENTRO DE CULTURA NUESTRA AMERICA, A.C.	$191.78	2.22% ▪
ORGANIZACION EDITORIAL ACUARIO, S.A. DE C.V.	$186.24	2.15% ▪
MILENIO DIARIO, S.A. DE C.V.	$183.78	2.12% ▪
EDICION Y PUBLICIDAD DE MEDIOS DE LOS ESTADOS, S. DE R.L. DE C.V.	$171.87	1.99% ▪
768 MEDIOS RESTANTES	$4,323.22	49.99% ———
TOTAL	$8,648.74	100% ———

Fuente: elaboración propia con base en la información del COMSOC.

Tabla y fotografía proporcionadas por Adriana Urrea.

Presupuestos de Notimex en huelga

Año 2020[1]

PRESUPUESTO DE EGRESOS DE LA FEDERACIÓN 2020
FLUJO DE EFECTIVO
PRODUCTORAS DE BIENES Y SERVICIOS
(pesos)   ENERO DE 2020

ENTIDAD: AYG Notimex, Agencia de Noticias del Estado Mexicano   SECTOR : 47 Entidades no Sectorizadas

INGRESOS	MONTO	EGRESOS	MONTO
TOTAL DE RECURSOS	220,526,727	TOTAL DE RECURSOS	220,526,727
DISPONIBILIDAD INICIAL		GASTO CORRIENTE	220,526,727
CORRIENTES Y DE CAPITAL	42,000,000	SERVICIOS PERSONALES	141,292,300
VENTA DE BIENES		DE OPERACIÓN	78,984,427
INTERNAS		SUBSIDIOS	
EXTERNAS		OTRAS EROGACIONES	250,000
VENTA DE SERVICIOS	42,000,000	PENSIONES Y JUBILACIONES	
INTERNAS	38,782,600	INVERSIÓN FÍSICA	
EXTERNAS	3,217,400	BIENES MUEBLES E INMUEBLES	
INGRESOS DIVERSOS		OBRA PÚBLICA	
INGRESOS DE FIDEICOMISOS PÚBLICOS		SUBSIDIOS	
PRODUCTOS FINANCIEROS		OTRAS EROGACIONES	
OTROS		INVERSIÓN FINANCIERA	
VENTA DE INVERSIONES		COSTO FINANCIERO	
RECUPERACIÓN DE ACTIVOS FÍSICOS		INTERESES, COMISIONES Y GASTOS DE LA DEUDA	
RECUPERACIÓN DE ACTIVOS FINANCIEROS		INTERNOS	
INGRESOS POR OPERACIONES AJENAS		EXTERNO	
POR CUENTA DE TERCEROS		EGRESOS POR OPERACIONES AJENAS	
POR EROGACIONES RECUPERABLES		POR CUENTA DE TERCEROS	
SUBSIDIOS Y APOYOS FISCALES	178,526,727	EROGACIONES RECUPERABLES	
SUBSIDIOS		SUMA DE EGRESOS DEL AÑO	220,526,727
CORRIENTES		ENTEROS A LA TESORERÍA DE LA FEDERACIÓN	
DE CAPITAL		ORDINARIOS	
APOYOS FISCALES	178,526,727	EXTRAORDINARIOS	
CORRIENTES	178,526,727	DISPONIBILIDAD FINAL	
SERVICIOS PERSONALES	141,292,300		
INTERESES, COMISIONES Y GASTOS DE LA DEUDA	37,234,427		
INVERSIÓN FÍSICA			
INVERSIÓN FINANCIERA			
AMORTIZACIÓN DE PASIVOS			
SUMA DE INGRESOS DEL AÑO	220,526,727		
ENDEUDAMIENTO (O DESENDEUDAMIENTO) NETO			
INTERNO			
EXTERNO			

En 2020 se le asignó a Notimex un presupuesto de 220.5 millones de pesos. De estos, 141.1 millones fueron de servicios personales, que corresponde a sueldos y salarios de la estructura personal de Sanjuana Martínez. También contempla venta de servicios de 42 millones de pesos.

Notimex informa el gasto de este presupuesto en el Reporte de Austeridad Republicana del 2020, que se puede consultar en http://gaceta.diputados.gob.mx/PDF/64/2021/may/20_Notimex-20210525.pdf.

[1] https://www.pef.hacienda.gob.mx/work/models/PEF2020/docs/47/r47_ayg_feie.pdf.

Año 2021[2]

PRESUPUESTO DE EGRESOS DE LA FEDERACIÓN 2021
FLUJO DE EFECTIVO
PRODUCTORAS DE BIENES Y SERVICIOS
(pesos)

ENERO DE 2021

ENTIDAD: AYG Notimex, Agencia de Noticias del Estado Mexicano

SECTOR : 47 Entidades no Sectorizadas

INGRESOS	MONTO	EGRESOS	MONTO
TOTAL DE RECURSOS	218,521,407	TOTAL DE RECURSOS	218,521,407
DISPONIBILIDAD INICIAL		GASTO CORRIENTE	218,521,407
CORRIENTES Y DE CAPITAL	42,000,000	SERVICIOS PERSONALES	141,775,070
VENTA DE BIENES		DE OPERACIÓN	76,496,337
INTERNAS		SUBSIDIOS	
EXTERNAS		OTRAS EROGACIONES	250,000
VENTA DE SERVICIOS	42,000,000	PENSIONES Y JUBILACIONES	
INTERNAS	37,978,250	INVERSIÓN FÍSICA	
EXTERNAS	4,021,750	BIENES MUEBLES E INMUEBLES	
INGRESOS DIVERSOS		OBRA PÚBLICA	
INGRESOS DE FIDEICOMISOS PÚBLICOS		SUBSIDIOS	
PRODUCTOS FINANCIEROS		OTRAS EROGACIONES	
OTROS		INVERSIÓN FINANCIERA	
VENTA DE INVERSIONES		COSTO FINANCIERO	
RECUPERACIÓN DE ACTIVOS FÍSICOS		INTERESES, COMISIONES Y GASTOS DE LA DEUDA	
RECUPERACIÓN DE ACTIVOS FINANCIEROS		INTERNOS	
INGRESOS POR OPERACIONES AJENAS		EXTERNOS	
POR CUENTA DE TERCEROS		EGRESOS POR OPERACIONES AJENAS	
POR EROGACIONES RECUPERABLES		POR CUENTA DE TERCEROS	
SUBSIDIOS Y APOYOS FISCALES	176,521,407	EROGACIONES RECUPERABLES	
SUBSIDIOS		SUMA DE EGRESOS DEL AÑO	218,521,407
CORRIENTES		ENTEROS A LA TESORERÍA DE LA FEDERACIÓN	
DE CAPITAL		ORDINARIOS	
APOYOS FISCALES	176,521,407	EXTRAORDINARIOS	
CORRIENTES	176,521,407	DISPONIBILIDAD FINAL	
SERVICIOS PERSONALES	141,775,070		
OTROS	34,746,337		
INVERSIÓN FÍSICA			
INTERESES, COMISIONES Y GASTOS DE LA DEUDA			
INVERSIÓN FINANCIERA			
AMORTIZACIÓN DE PASIVOS			
SUMA DE INGRESOS DEL AÑO	218,521,407		
ENDEUDAMIENTO (O DESENDEUDAMIENTO) NETO			
INTERNO			
EXTERNO			

En 2021 se otorgó a Notimex un presupuesto de 218.5 millones de pesos, de los cuales 141.7 millones de pesos fueron para "servicios personales". También se contemplaron 42 millones de autogeneración por venta de servicios al propio gobierno.

Notimex presentó su informe de Austeridad Republicana de 2021 al Senado, que se puede consultar en https://revistafortuna.com.mx/ 2022/06/16/en-dos-anos-de-huelga-notimex-gasto-mas-de-300-millo nes-de-pesos/ y https://la-lista.com/mexico/2022/06/14/notimex-ha-gastado-mas-de-300-millones-de-pesos-aunque-esta-en-huelga.

[2] https://www.pef.hacienda.gob.mx/work/models/PEF2021/docs/47/ r47_ayg_feie.pdf.

Año 2022[3]

PRESUPUESTO DE EGRESOS DE LA FEDERACIÓN 2022
FLUJO DE EFECTIVO
PRODUCTORAS DE BIENES Y SERVICIOS
(pesos)

ENERO DE 2022

ENTIDAD: AYG Notimex, Agencia de Noticias del Estado Mexicano   SECTOR : 47 Entidades no Sectorizadas

INGRESOS	MONTO	EGRESOS	MONTO
TOTAL DE RECURSOS	228,100,328	TOTAL DE RECURSOS	228,100,328
DISPONIBILIDAD INICIAL		GASTO CORRIENTE	228,100,328
CORRIENTE Y DE CAPITAL	42,000,000	SERVICIOS PERSONALES	150,049,971
VENTA DE BIENES		DE OPERACIÓN	77,350,357
INTERNAS		SUBSIDIOS	
EXTERNAS		OTRAS EROGACIONES	700,000
VENTA DE SERVICIOS	42,000,000	PENSIONES Y JUBILACIONES	
INTERNAS	37,978,250	INVERSIÓN FÍSICA	
EXTERNAS	4,021,750	BIENES MUEBLES E INMUEBLES	
INGRESOS DIVERSOS		OBRA PÚBLICA	
INGRESOS DE FIDEICOMISOS PÚBLICOS		SUBSIDIOS	
PRODUCTOS FINANCIEROS		OTRAS EROGACIONES	
OTROS		INVERSIÓN FINANCIERA	
VENTA DE INVERSIONES		COSTO FINANCIERO	
RECUPERACIÓN DE ACTIVOS FÍSICOS		INTERESES, COMISIONES Y GASTOS DE LA DEUDA	
RECUPERACIÓN DE ACTIVOS FINANCIEROS		INTERNOS	
INGRESOS POR OPERACIONES AJENAS		EXTERNOS	
POR CUENTA DE TERCEROS		EGRESOS POR OPERACIONES AJENAS	
POR EROGACIONES RECUPERABLES		POR CUENTA DE TERCEROS	
SUBSIDIOS Y APOYOS FISCALES	186,100,328	EROGACIONES RECUPERABLES	
SUBSIDIOS		SUMA DE EGRESOS DEL AÑO	228,100,328
CORRIENTE		ENTERO A LA TESORERÍA DE LA FEDERACIÓN	
DE CAPITAL		ORDINARIOS	
APOYOS FISCALES	186,100,328	EXTRAORDINARIOS	
CORRIENTES	186,100,328	DISPONIBILIDAD FINAL	
SERVICIOS PERSONALES	150,049,971		
OTROS	36,050,357		
INVERSIÓN FÍSICA			
INTERESES, COMISIONES Y GASTOS DE LA DEUDA			
INVERSIÓN FINANCIERA			
AMORTIZACIÓN DE PASIVOS			
SUMA DE INGRESOS DEL AÑO	228,100,328		
ENDEUDAMIENTO (O DESENDEUDAMIENTO) NETO			
INTERNO			
EXTERNO			

Para 2023 el presupuesto destinado a Notimex fue de 228.1 millones de pesos, 10 millones de pesos más que un año antes. En este año se asignaron 150 millones de pesos de servicios personales que corresponde a "sueldos y salarios" y 42 millones de pesos de autogeneración por ventas de servicios.

[3] https://www.pef.hacienda.gob.mx/work/models/aVbnZty0/PEF2022/kgp8l9cM/docs/47/r47_ayg_feie.pdf.

Año 2023[4]

PROYECTO DE PRESUPUESTO DE EGRESOS DE LA FEDERACIÓN 2023
FLUJO DE EFECTIVO
PRODUCTORAS DE BIENES Y SERVICIOS
(pesos)

SEPTIEMBRE DE 2022

ENTIDAD: AYG Notimex, Agencia de Noticias del Estado Mexicano   SECTOR: 47 Entidades no Sectorizadas

INGRESOS	MONTO	EGRESOS	MONTO
TOTAL DE RECURSOS	237,644,317	TOTAL DE RECURSOS	237,644,317
DISPONIBILIDAD INICIAL		GASTO CORRIENTE	237,644,317
CORRIENTES Y DE CAPITAL	42,000,000	SERVICIOS PERSONALES	157,468,481
VENTA DE BIENES		DE OPERACIÓN	79,475,836
INTERNAS		SUBSIDIOS	
EXTERNAS		OTRAS EROGACIONES	700,000
VENTA DE SERVICIOS	42,000,000	PENSIONES Y JUBILACIONES	
INTERNAS	42,000,000	INVERSIÓN FÍSICA	
EXTERNAS		BIENES MUEBLES E INMUEBLES	
INGRESOS DIVERSOS		OBRA PÚBLICA	
INGRESOS DE FIDEICOMISOS PÚBLICOS		SUBSIDIOS	
PRODUCTOS FINANCIEROS		OTRAS EROGACIONES	
OTROS		INVERSIÓN FINANCIERA	
VENTA DE INVERSIONES		COSTO FINANCIERO	
RECUPERACIÓN DE ACTIVOS FÍSICOS		INTERESES, COMISIONES Y GASTOS DE LA DEUDA	
RECUPERACIÓN DE ACTIVOS FINANCIEROS		INTERNOS	
INGRESOS POR OPERACIONES AJENAS		EXTERNOS	
POR CUENTA DE TERCEROS		EGRESOS POR OPERACIONES AJENAS	
POR EROGACIONES RECUPERABLES		POR CUENTA DE TERCEROS	
SUBSIDIOS Y APOYOS FISCALES	195,644,317	EROGACIONES RECUPERABLES	
SUBSIDIOS		SUMA DE EGRESOS DEL AÑO	237,644,317
CORRIENTES		ENTEROS A LA TESORERÍA DE LA FEDERACIÓN	
DE CAPITAL		ORDINARIOS	
APOYOS FISCALES	195,644,317	EXTRAORDINARIOS	
CORRIENTES	195,644,317	DISPONIBILIDAD FINAL	
SERVICIOS PERSONALES	157,468,481		
OTROS	38,175,836		
INVERSIÓN FÍSICA			
INVERSIÓN FINANCIERA			
AMORTIZACIÓN DE PASIVOS			
SUMA DE INGRESOS DEL AÑO	237,644,317		
ENDEUDAMIENTO (O DESENDEUDAMIENTO) NETO			
INTERNO			
EXTERNO			

Para 2023 se le asignó a Notimex un presupuesto de 237.6 millones de pesos, el mayor presupuesto en la historia de la agencia. De estos, 157.4 millones de pesos correspondieron a servicios generales, es decir, sueldos y salarios. En este presupuesto también se incluyen 42 millones de autogeneración por venta de servicios.

[4] https://www.ppef.hacienda.gob.mx/work/models/8uLX2rB7/PPEF2023/mo2h2PK/docs/47/r47_ayg_feie.pdf.

20

La policía, una gran caja chica

Claudia Sheinbaum es hechura de Andrés Manuel López Obrador y, al igual que él, también miente, difama, corrompe, se victimiza para evadir responsabilidades, construye mensajes de odio y hace su "vaquita" para financiar su campaña a la presidencia de la República en 2024, con el apoyo del cash que Omar García Harfuch les sacó a sus policías, a quienes prácticamente enviaba a la calle no para cuidar a los capitalinos, sino para obtener el dinero que su jefa gastaría en promover su imagen ante los mexicanos. Se habla de 4 mil millones de pesos que provienen de la policía capitalina.

Claudia superó a las demás "corcholatas", no debido a su inteligencia, sino por su habilidad para obtener recursos públicos, producto de la extorsión a los propios trabajadores, aún más escandaloso que lo que hizo Delfina Gómez en el Estado de México, quien fue sancionada por quitarles el 10 por ciento del salario a los empleados de confianza cuando fue presidenta municipal de Texcoco.

En este capítulo les ofrezco el testimonio anónimo de muchos policías capitalinos y del sistema penitenciario que fueron extorsionados por Omar García Harfuch, exsecretario de Seguridad Ciudadana, quien, según ellos, reunió cantidades millonarias para su jefa, no solo para quedar bien, sino para abrirse la posibilidad de sucederla en el cargo, como jefe de gobierno de la capital. En su camino hacia sus objetivos, a esta dupla no le importa ni la ilegalidad, ni la inseguridad, ni acusar a inocentes.

Recaudación a manos llenas

Es un secreto a voces que, desde hace muchas generaciones, las policías y los reclusorios, además del Metro, son las cajas chicas de los jefes de gobierno en turno. Por un lado, ordeñan el presupuesto con compras infladas o adjudicaciones directas de contratos jugosos de los que sacan el diezmo, y, por el otro, el dinero que representa la cifra negra, el jugoso cash que no debe pasar por auditoría alguna, el dinero que cae gota a gota de la venta de todo, absolutamente todo en la propia policía y en los reclusorios.

De acuerdo con elementos de la Policía Preventiva, se juntaba mucho cash de "rentear" a los policías por sus mandos para todo. Este término se usa en la corporación para quienes protegen a los delincuentes a cambio de dinero, pero en el caso que nos ocupa aplica para los propios policías.

Considerando solo al universo de 26 mil elementos que hay en la Policía Preventiva, la cifra de la extorsión a los propios elementos es alarmante. El desarme —entregar la pistola y cambiar o recibir chaleco antibalas— cuesta 20 pesos diarios (un promedio total anual de 1 millón 400 mil pesos). Para que les den una buena arma deben hacer un pago único anual de 500 pesos, de lo contrario corren el riesgo de tener que ponerles cinta de aislar a los cargadores, que, por el mal estado, se les caen a las pistolas.

Si quieren salir a trabajar con un compañero, por el tema de inseguridad, deben pagar 200 pesos diarios y, además, 2 mil pesos anuales por traer patrulla.

Los policías entrevistados explicaron que en por lo menos la mitad de las unidades hacen estos pagos. Los turnos de 16 horas de trabajo por 32 horas francas de descanso (16 × 32), y un día completo de trabajo por dos de descanso (24 × 48) "cuestan" mil pesos quincenales. Si quieren permanecer en la guardia por tiempo indefinido hay un pago único de 5 mil pesos y luego pagos quincenales de mil pesos. Un responsable de cuadrante "compra" el cargo por 5 mil pesos y, a cambio, como un signo de "gratitud", el beneficiado debe dejarle a su jefe, íntegros, sus dos primeros bonos de productividad de 3 mil 500 pesos; más 500 pesos diarios para los agentes del Ministerio Público que pueden controlar, a su antojo, la incidencia delictiva; los jefes regionales, que tienen un grupo de "potros" (elementos en motocicleta), reciben de cada uno de ellos 500 pesos diarios.

Otro gran negocio son los arrestos, supuesta medida disciplinaria que se ha convertido en el *modus operandi* de los mandos para llevar más dinero a los superiores. Los arrestos —que a veces son por motivos tan insignificantes como que el elemento fue a comer o al baño a la hora en que pasó su jefe o que hubo un robo de auto en su zona de vigilancia— son pagados para evitar que la amonestación vaya a su historial laboral, lo que evitaría que pudieran ascender o tener un aumento salarial. Los policías pagan, para no quedar con una mancha en su expediente, 300 pesos si son arrestados 12 horas; 500 por un arresto de 24 horas y 700 pesos por un arresto de 36 horas. Diario son arrestados, en promedio, cinco elementos por sector, es decir, 360 por los 72 sectores; y unos 25 elementos por cada uno de los ocho agrupamientos (Faunos, Ciclones, Guerreros, Ateneas, Relámpagos, Fuerza de Tarea, Montada y Marco Polo). Evadir un arresto de 12 horas cuesta 300 pesos; de 24, 500 pesos; y de 36, 700 pesos.

Otro "negocio" en la Secretaría de Seguridad Ciudadana de la Ciudad de México son los cambios de adscripción que maneja Israel López Benítez, con indicativo o alias Máximo. Evitar el cambio, que generalmente afecta a los policías por la distancia desde su domicilio, les cuesta 3 mil pesos. Los cargos de estructura oscilan entre 50 mil y 100 mil pesos, como pago único; pero cada director de sector, por ejemplo, debe reportar por lo menos 40 mil pesos mensuales.

¿Claudia Sheinbaum sabía de esto? ¡Por supuesto! Y existe una responsabilidad penal en su omisión. Para ejemplo basta un botón. En 2019, semanas después de rendir protesta como jefa de gobierno de la Ciudad de México, Sheinbaum visitó las tres corporaciones de la Secretaría de Seguridad Ciudadana: las policías Preventiva, Bancaria y Auxiliar. Les prometió que todo cambiaría y que ya no habría corrupción. Ese día, tras el discurso, un policía destacado, galardonado con cinco medallas al valor por su excelente tarea policial, se acercó a ella y de frente denunció a un mando que acababa de robar 1.5 millones de pesos como parte de una actividad ilícita. Claudia lo escuchó y le aseguró que se tomarían cartas en el asunto. ¿Creen que lo hizo? No, el mando corrupto fue movido a otra zona con los mismos privilegios, es decir, lo mandaron a robar a otro lado, y el elemento que denunció, Antonio Samaniego Teoyotl, comenzó a ser acosado.

Samaniego accedió a que su nombre no fuera anónimo porque quiere, al igual que miles de sus compañeros, que se acabe de una vez por todas la corrupción en la Secretaría de Seguridad Ciudadana.

Centenas de policías han evidenciado actos de corrupción; sin embargo, a cambio han recibido "cursos de humildad y reflexión" y han sido enviados a lugares apartados de su domicilio.

Dichos "cursos", explicaron varios elementos de la Policía Preventiva, son para quienes no quieren "aportar" a la causa, para los que señalan a sus compañeros corruptos o para los que se cansan de dar la "cuota" para que Harfuch o los mandos superiores se levanten el cuello. El peor castigo es mandarlos lejos, muy lejos de sus domicilios; a veces tanto que llegan a hacer de camino entre dos horas y media y tres, es decir, de cinco a seis horas al día; además de que los reubican en puentes o cruceros, bajo el sol, sin baño, sin alimento.

Algunas mujeres que trabajan en el sector Atenea de la Secretaría me han contactado para compartir un lado menos conocido de su realidad. Aunque pudiera parecer que estas mujeres están exentas de la corrupción que aqueja a otros sectores, la verdad es distinta. Las "rentas" circulan todos los días entre las jefas de este sector.

Muchas de estas mujeres han elegido no denunciar estos actos, conscientes de que ni Harfuch ni Claudia Sheinbaum tomarían medidas. A pesar de los discursos en los medios sobre la defensa de los derechos de la mujer, las policías en Atenea sufren violaciones a sus derechos a diario.

Un ejemplo de esto es el caso de las llamadas "policías voladoras", que reciben su salario sin acudir a trabajar y pagan una cuota. Nancy Arzaluz, con el apodo de Atenea Alfa, una admi-

233

nistrativa sin experiencia policial, recibe la suma de 3 mil 500 pesos quincenales con la aprobación de la directora de Atenea, Itzania Otero Manzo.

Además, las mujeres policías que son usadas como fuerza de contención en manifestaciones, sobre todo en marchas feministas, deben asumir los costos de cualquier daño que sufran sus escudos. Esto a menudo las lleva más a cuidar su equipo de trabajo que a prestar atención a las tareas de seguridad encomendadas.

Otro aspecto problemático es la venta de permisos, según mis informantes, en la que una compañera de apellido Portilla está involucrada. Los permisos normales de turno se cotizan en 500 pesos, mientras que en días festivos ascienden a 800 pesos. En días festivos especiales como el 24, 25 y 31 de diciembre y el 1º de enero el costo se eleva a mil pesos.

Este beneficio se da solo a 15 compañeras del área, pero su impacto financiero diario es significativo. Si consideramos solo los 15 permisos diarios a 500 pesos, estamos hablando de una cifra anual de 2 millones 200 mil pesos, la cual fluye libre de impuestos. Todo este cash se genera debido a la falta de un sistema electrónico en la Secretaría de Seguridad Ciudadana, o al menos en el sector Atenea, que permita una mayor transparencia y control. En cambio, siguen operando con un sistema escrito que es susceptible de manipulación, alteración o pérdida.

Además de la extorsión al interior de la corporación, existen otros delitos cometidos con la anuencia de los altos mandos. Por ejemplo, el huachicoleo de combustible que les quitan a las patrullas y luego les venden a particulares; o uno más grave, el traslado de lesionados por arma blanca o de fuego hacia el Estado de México. De acuerdo con la versión de varios policías, varias personas lesionadas en la Ciudad de Mexico fueron sacadas y abandonadas en la entidad vecina, a fin de que a Claudia Sheinbaum no se le elevara el índice delincuencial. Parece una película de terror, pero es una triste realidad.

Fotografías tomadas por elementos de la Policía Preventiva, donde se aprecia el "huachicoleo" que llevan a cabo algunos oficiales.

El panorama en el sistema penitenciario no es diferente, y el gobierno de la Ciudad de México debería estar plenamente enterado de esto. Los policías penitenciarios, entre los cuales hay un grupo que se mantiene firme contra la corrupción, pero que también enfrenta maltratos similares a los que reciben los policías preventivos, con "cursos de humildad", han llegado a un total de 7 mil 200, entre hombres y mujeres. Aquí, al igual que en otros lugares, la necesidad de pagar por todo es una realidad. Los testimonios que me llegaron aseguran que en prisión según el sapo es la pedrada, y los pobres son los que más sufren.

Para aquellos que van a ver a sus familiares en la cárcel, el costo para avanzar rápidamente en la fila y visitar a un recluso es de 50 pesos. Para introducir alimentos no permitidos, el costo varía entre 50 y mil pesos. Por ejemplo, las gelatinas no están permitidas en los penales debido a que pueden contener sustancias prohibidas, pero con una suma considerable de dinero, por supuesto, se pueden pasar. Lo mismo ocurre con los mariscos, carnes crudas o bebidas energéticas. La introducción de drogas también tiene un costo elevado: pasar un "aguacate" (el envoltorio de estupefacientes que las mujeres introducen en sus vaginas) cuesta entre 3 mil 500 y 10 mil pesos. Introducir un teléfono oscila entre 2 mil 500 y 10 mil pesos. Usar ropa de color no permitido durante una visita tiene un costo de 50 pesos. Pasar medicamentos, como el Clonazepam, cuesta entre 5 mil y 50 mil pesos, dependiendo de la cantidad. Aquellos que desean tener acceso a dormitorios preferenciales, que constan de 48 habitaciones con 250 internos, deben pagar 3 mil 500 pesos semanales.

El propio personal penitenciario reconoce que las personas adineradas se "reportan" directamente con los directivos. Todos los privilegios tienen un precio en las prisiones, y la clase acomodada tiene permiso de introducir de todo, desde camas de masajes hasta animales exóticos, damas de compañía, champaña y langosta, mientras que los menos afortunados son usados para servir a los ricos, a quienes se refieren como "mamás" o "chequeras". Cuando López Obrador fue jefe de gobierno del Distrito Federal, el personal penitenciario recuerda que los ricos eran tan influyentes que un recluso pudo organizar un jaripeo en la explanada interior de una prisión, con toros y gallos. En esa época también permitieron que otra "chequera" (una persona con dinero) usara toda la zona de visita íntima para organizar una fiesta a la que llevaron a muchas damas de compañía. La zona en cuestión cuenta con 82 habitaciones, que fueron "reservadas" para su uso exclusivo.

El dinero también proviene de las "concesiones" ilegales otorgadas a los presos, que les permiten alquilar teléfonos, abrir tiendas y comercializar cocaína, solventes, pastillas, tacos y artesanías. La distribución de alcohol es un tema aparte, ya que está controlada por los funcionarios penitenciarios, quienes tienen el monopolio de su distribución. Por ejemplo, una botella de alcohol que cuesta 250 pesos se vende en el interior de la prisión por mil pesos, y una cerveza puede llegar a costar hasta 100 pesos.

Los "PODRIDOS", HISTORIAS REALES DE TERROR

Cuando escuché el término "podrido" sentí impotencia, pero sobre todo una inmensa tristeza. La gente desafortunada no merece ser aún más desafortunada. Los "podridos" son para Harfuch la pobre gente que, a falta de hogar u oportunidades en la vida, se cruza en el camino de policías corruptos. Son acusados de cualquier delito que les quieran imputar para luego levantarse el cuello y decir que resolvieron un gran caso.

Los "podridos" son localizados por los policías en los parques, donde generalmente pernocta esa gente, en las barrancas, en las esquinas de colonias lumpen, y valen menos que nada para la gente de Harfuch.

La siguiente es la transcripción de un audio[1] que debería escandalizarnos y preocuparnos a todos, como sociedad y en lo particular, por tres motivos: primero, la policía está culpando a inocentes de delitos que incluso podrían merecer altas penalidades; segundo, esos "podridos" podrían ser nuestros hijos o hijas que, tras una fiesta, se quedaron dormidos en alguna banca o en la calle, por el motivo que sea; y tercero, el más grave, el mando del sector Hormiga (a quien pueden escuchar en la liga en la nota al pie) fue ascendido de subdirector a director por haber sido el creador de la figura de los "podridos":

Policía (P): ¡Yo no la hago! [se refiere a la puesta a disposición].

Subdirector de sector Hormiga (SSH): ¡Tú no las haces!, nada más dámelo y yo veo ahorita quién la hace.

P: ¿A quien sea?

SSH: ¡A quien sea! También no me lo vayas a traer muy "podrido", güey [*sic*].

P: Vale.

SSH: Yo tengo parte afectada, es una muchacha de la Ahuizotla [Azcapotzalco], son compañeras.

[1] https://twitter.com/antonioteoyotl/status/1558926470281662465?s=48&t=G59jL_t_NpM2JakYTPFaOg.

P: Va, ahorita lo busco.

ssh: Pues sí, güey, pero ahorita de volada, ahorita ya son las 02:17. ¡Ahorita de volada, güey!, y ya sin pedo.

P: Va.

ssh: Ahorita yo pongo a ver a quién veo, pero búscalo, güey.

P: Ah, órale, ¡va!

El mando fue ascendido a director por recomendación de Cristian Raymundo Sumano Salazar, con indicativo Anubis, quien viaja en su camioneta, por toda la ciudad, escoltado por dos potros (elementos de la policía a bordo de motocicletas). Es decir, quien debería protegernos sí anda bien protegido; a nosotros, a la ciudadanía y a los "podridos", solo nos queda encomendarnos a algo o a un ser superior para no caer en manos de la delincuencia organizada. Esto me recuerda el intento de homicidio en contra del periodista Ciro Gómez Leyva; tanto Sheinbaum como Harfuch presentaron a un grupo de presuntos participantes en el atentado, pero nunca dijeron el motivo y quién o quiénes eran los autores intelectuales.

Los propios elementos de la Policía Preventiva aseguran que tanto la gente cercana a Harfuch como sus incondicionales llevan droga en sus camionetas, la cual siembran con el propósito de aumentar las acusaciones contra las personas que detienen, con la intención de obtener mordidas. Además, los uniformados también portan cuchillos que adquieren en centros comerciales para tener suficientes para las puestas a disposición que cuadran los agentes del Ministerio Público, bajo la dirección de Ernestina Godoy.

La corrupción no termina con las puestas a disposición, ya que todos los elementos que hacen remisiones deben entregar

500 pesos al Ministerio Público, quien, a su vez, los pasa al fiscal, el fiscal al subprocurador y el subprocurador a la fiscal general. Según afirman los agentes, esta práctica comenzó precisamente cuando López Obrador asumió la jefatura de gobierno del Distrito Federal. Lo que alguna vez fue opcional se convirtió en una cuota obligatoria para que los ministerios públicos aceleraran el procesamiento de los casos. Los policías denominan a esta simulación de delitos "cuadriflagrancia", un término que hace referencia a la manipulación de las puestas a disposición para incriminar a inocentes o exculpar a culpables, estos últimos a cambio de grandes sumas de dinero.

¿Qué relación tienen estas historias con el dinero que recibe Claudia Sheinbaum de la Secretaría de Seguridad Ciudadana? Todo. Hablamos de dinero que los agentes de policía se ven forzados a entregar y de dinero que los detenidos proporcionan para evitar ser consignados. En el ámbito de la seguridad y la justicia, todo parece indicar que este dinero termina en las cajas chicas.

CAPREPOL, LA CAJA QUE DESAPARECIÓ SHEINBAUM

Los policías de la Ciudad de México no se pensionan por medio de un sistema tradicional, sino a través de la Caja de Previsión de la Policía, que debería tener por lo menos 50 mil millones de pesos, los cuales ahora están perdidos. Es el mismo monto que, para dimensionar, López Obrador aumentó a la Guardia Nacional en 2021.

En su comparecencia del 22 de octubre de 2022, Luz Elena González Escobar, secretaria de Administración y Finanzas, les explicó a los diputados locales: "Nosotros no recibimos un sistema de seguridad como tal y no existía un fondo de pensiones para policías". Por supuesto, no presentó documentos en los que hubiera denunciado esta anomalía, porque 50 mil millones no desaparecen en el aire. Lo contradictorio es que el día 27 del mismo mes y año el secretario Harfuch habló de los fondos de la policía: la Caja de Previsión de la Policía Preventiva de la Ciudad de México (Caprepol) y la Caja de Previsión de la Policía Auxiliar del Distrito Federal (Caprepa), y jamás hizo referencia a su desaparición.

Carlos Alberto Martínez Romero, abogado de profesión y expolicía de la hoy Secretaría de Seguridad Ciudadana, perteneciente también a un frente que lucha por defender los derechos de los policías y recuperar la Caja de Previsión, explicó que el desfalco de esos casi 50 mil millones de pesos —dinero descontado quincena tras quincena a miles de policías durante muchos años, vía nómina— ha dado como resultado que miles de elementos no puedan cobrar sus pensiones y no tengan acceso a créditos hipotecarios ni préstamos personales. Incluso, en este último rubro, a través de un oficio, se informó que los préstamos, que antes eran de hasta 130 mil pesos, se reducirían a solo 30 mil y se otorgarían ¡por sorteo! Esto ha generado una infinidad de "coyotes" coludidos con las autoridades, quienes dan el visto bueno para esta que debería ser una prestación para todos, no solo para los sorteados. Él y otros elementos coincidieron en que este dinero, así como todos los "entres" (dinero que piden los altos mandos a cada policía), podría haber ido a dar a manos de Harfuch, quien se lo suministra —aseguran todos los policías que compartieron su historia conmigo— a Claudia Sheinbaum para su campaña presidencial.

21

Adultos mayores: robo inmoral

#PrimeroLosPobresdela4T

Si creen que Andrés Manuel López Obrador dejará la presidencia de México con los 200 pesos que dice tener en su cartera, déjenme decirles que miente, nos miente a todos los mexicanos. Son los adultos mayores, los abuelos, uno de los sectores más vulnerables, quienes, sin saberlo, le están llenando las maletas de cash que, con el apoyo de Ariadna Montiel, una de sus operadoras, viene de su programa estelar. Estas "pensiones" lo han "sostenido" moralmente para pelearle, en la oscuridad, el título del hombre más rico del país a Carlos Slim. La estafa económica en este programa asciende, tan solo de enero a junio de 2022, a 41 mil 706 millones de pesos que el tabasqueño ha intentado ocultar inflando el padrón de beneficiarios.

Todo el dinero público representa una fuente potencial de recursos para López Obrador. Entre más grande es el presupuesto gubernamental destinado a sus programas sociales, como la Pensión para el Bienestar de las Personas Adultas Mayores (PBPAM), más escandaloso e inmoral es el robo. El autodenominado "humanista", el hombre que acuñó la frase "por el bien de todos, primero los pobres", los ha traicionado y les ha robado. El presidente ha encontrado en los adultos mayores el mecanismo ideal para desviar el cash que obtiene de los impuestos que pagamos muchos mexicanos, principalmente de la clase media a la que tanto desprecia y ataca.

Una llamada telefónica de empleados de la Secretaría de Bienestar me advirtió de la gran estafa que se había gestado en el programa tan presumido por el presidente. La denuncia llegó a mis manos meses después de haber publicado *El rey del cash*, por lo que me propuse, con la ayuda de expertos en finanzas, descubrir el crimen financiero cuasi perfecto perpetrado por la titular de la secretaría de Bienestar, Ariadna Montiel. La misma que en sus días como estudiante de arquitectura, protagonizó un intento de homicidio al tratar de quemar vivo a un hombre que supuestamente era un espía del gobierno, con el fin de frenar la huelga estudiantil de aquellos años, según lo que me contó Raúl Flores, expresidente del PRD en la Ciudad de México, quien como servidor público impidió que se llevara a cabo ese atentado.

Los resultados no me sorprendieron. Como lo dije en *El rey del cash*, AMLO corrompe a todos, tanto a mujeres como a hombres que, al igual que él, son vulgares ladrones, no solo de los ricos, sino también de los más pobres, lo cual es aún más oprobioso.

Antes de adentrarnos en los números, que les aseguro que los escandalizarán, es importante exponer la torcida actuación de la responsable de la Secretaría de Bienestar, quien, en una entrevista con Hernán Gómez, dijo que el consejo que recibió del tabasqueño fue no enamorarse del dinero, sino de los adultos mayores a quienes abraza y besa en sus giras proselitistas disfrazadas de actos públicos, mientras en la práctica los apuñala por la espalda. No obstante, este consejo pareció entrar por un oído y salir por el otro, ya que la funcionaria, desde antes de asumir la Secretaría de Bienestar, adquirió una finca en el municipio de Tepoztlán, en Morelos, con un valor superior a los 20 millones de pesos, ubicada muy cerca del hotel La Buena Vibra. A esta finca han asistido tanto sus amigos como varios servidores públicos, como Jesús Valencia, exdelegado en Iztapalapa, quien casualmente dejó Segalmex después de conocerse la estafa en esa dependencia, para irse a trabajar junto a la secretaria de Bienestar.

Valencia, un pobre con aspiraciones venido a rico, que pasó de vivir en Iztapalapa al Pedregal, es prestanombres de Montiel, ya que en una fiesta realizada en la finca le dijo a un periodista que el inmueble era suyo, cuando en realidad pertenece a Montiel Reyes, quien durante la pandemia envió a su hija a vivir allá, cuidada por un séquito de "nanas".

Cientos de miles adultos mayores "fantasmas"

El programa de Pensión para el Bienestar de las Personas Adultas Mayores se ha convertido en el emblema del gobierno de López Obrador, no tanto por su impacto presupuestario, sino por su relevancia mediática y política. Sin embargo, como suele suceder con muchas de las iniciativas del presidente, este programa también esconde un lado oscuro: es una estafa, tanto en términos financieros como morales.

Tras un arduo trabajo que nos llevó varias semanas de análisis exhaustivo de documentos y cifras, así como de una minuciosa revisión del informe de gobierno presentado por López Obrador en 2022, las cifras relacionadas con el programa de adultos mayores revelan con precisión esta doble estafa, con pesos y centavos.

Solo en el primer semestre de 2022 se identificó un "sobrante" de más de 41 mil 706 millones de pesos que, siguiendo instrucciones de la titular de la Secretaría de Bienestar, Ariadna Montiel, se desviaron hacia una "partida secreta" que, según la ley, no debería existir. Esta cantidad es mayor que el escándalo conocido como la "Estafa Maestra" y casi tres veces el monto de otro fraude notorio, el de Segalmex. Resulta aún más alarmante si consideramos que este desvío se registró solo durante el primer semestre de 2022, a pesar de que el programa ha estado en marcha desde el inicio del sexenio. Además, no debemos olvidar que la Secretaría de Bienestar maneja otros 16 programas sociales con el mismo nivel de opacidad. Dada su magnitud y la falta de transparencia en su operación, el programa de adultos mayores se ha convertido en el artilugio perfecto para el fraude, parte del sistema de saqueo que López Obrador parece disfrutar implementar.

En el *Cuarto informe de gobierno*, con datos hasta junio de 2022, se afirma que el programa benefició a 10 millones 197 mil 769 personas, con un presupuesto ejercido en ese periodo de 159 mil 491 millones de pesos. Cada beneficiario recibía un apoyo mensual de mil 925 pesos.

CUARTO INFORME DE GOBIERNO

Programa de Pensión para el Bienestar de las Personas Adultas Mayores

Año	Recursos ejercidos [1] (Millones de pesos)	Personas Adultas Mayores [2] (Número de Personas beneficiadas)	Monto del apoyo Valor mensual (Pesos)	Cobertura municipal (Número de Municipios)
2019	113,069	8,001,964	1,275	2,463
2020	127,626	8,298,329	1,310	2,465
2021 [3]	150,085	9,698,892	1,550	2,470
2022 [4]	159,491	10,197,769	1,925	2,470

1/ Corresponde a los recursos ejercidos reportado en la Cuenta Pública.
2/ Derechohabientes únicos emitidos.
3/ El monto de la pensión de enero a junio fue de 1,350 pesos mensuales a partir de julio con la publicación del "Acuerdo por el que se modifica el diverso por el que se emiten las Reglas de Operación del Programa Pensión para el Bienestar de las Personas Adultas Mayores, para el ejercicio fiscal 2021, publicado el 22 de diciembre de 2020".
4/ Cifras preliminares al mes de junio.
Fuente: Secretaría de Bienestar.

Un cálculo simple es extremadamente revelador:

PBPAM, ENERO-JUNIO DE 2022

Apoyo mensual	mil 925 pesos
Beneficiarios	10 millones 197 mil 769 personas
Total presupuestal mensual	19 mil 630 millones 705 mil 325 pesos
Total por el semestre	117 mil 784 millones 231 mil 950 pesos
Presupuesto ejercido en el semestre	159 mil 491 millones de pesos
Diferencia	**41 mil 706 millones, 768 mil 050 pesos**

Según varios empleados que operan en el blindado piso 18 de Reforma 51, donde se gestionan los recursos, tarjetas y padrones, el dinero fue transferido a una "partida secreta" por orden directa de la secretaria de Bienestar, Ariadna Montiel, quien ha sido una recaudadora constante de cash para el mandatario tabasqueño, para René Bejarano (su padrino político) y, por supuesto, para sí misma.

En los seis meses siguientes este "sobrante" desaparece oficialmente, según lo indican las cifras proporcionadas por la propia Secretaría de Bienestar. De acuerdo con el cuarto informe trimestral de la dependencia, se ejecutó un presupuesto total de 244 527.6 millones de pesos en 2022, incluyendo las ampliaciones presupuestales otorgadas por la Secretaría de Hacienda. Hacia el cierre de 2022 el programa de adultos mayores supuestamente atendía a 10 millones 936 mil 764 personas. Esto marca un aumento excepcional en la cobertura del programa. En tan solo medio año se agregaron 738 mil 995 personas, lo que equivale a más de 4 mil 100 personas por día. Los montos entregados mensualmente parecen concordar con este impresionante aumento en el número de beneficiarios durante el segundo semestre, lo que aparentemente tiene consistencia.

Sin embargo, se olvidaron de un detalle crucial: estas más de 700 mil personas simplemente no existen en el México del año 2022. ¿Cuántos adultos mayores (personas de 65 años o más) vivían en el país durante ese año? Según la Secretaría de Bienestar, al menos 10.94 millones de personas estaban recibiendo la pensión. No obstante, el Censo de Población y Vivienda hecho por el Inegi en 2020 establece que la población total del país en ese año fue de 126 millones 014 mil 024 personas. De ese total, según la pirámide poblacional estimada por el propio Inegi, 8.2% tenía 65 años o más, lo que equivale a 10 millones 333 mil 149 personas.

ESTRUCTURA DE LA POBLACIÓN 2000, 2010 Y 2020

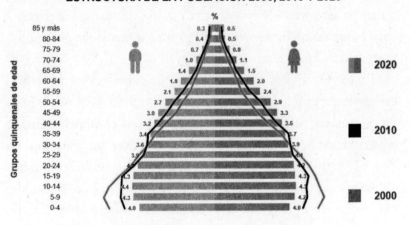

Nota: Los porcentajes pueden no sumar 100%, debido al redondeo que genera diferencias poco significativas.

En 2022 se estima que la población total del país aumentó a alrededor de 130.1 millones de personas. Si extrapolamos generosamente un aumento similar, podríamos calcular que habría alrededor de 10.7 millones de adultos mayores de 65 años en ese año. Según estas estimaciones, el programa de adultos mayores, a finales de ese año, tenía entre 200 mil y 300 mil personas adicionales de las que podría justificar legítimamente en función de la población en ese grupo de edad.

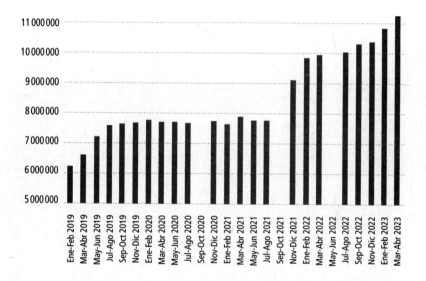

En esta gráfica se muestra cómo explota el padrón a finales de 2021.

La propia Secretaría de Bienestar presenta información que revela una discrepancia significativa en las cifras relacionadas con el PBPAM. Según sus propios datos, la "población objetivo" del programa son 10 millones 321 mil 914 personas, mientras que afirman estar entregando recursos a 10 millones 936 mil 764 personas. Esto implica que, según las cifras oficiales, más de

600 mil personas están recibiendo un apoyo que supera la población objetivo establecida por el propio programa. Estos números refuerzan la sospecha de que se ha inflado artificialmente el número de beneficiarios del programa de adultos mayores.

Población Potencial, Objetivo y Atendida del Programa			
Estado	Población Objetivo	Población Potencial	Población Atendida al 31 de diciembre 2022 1/
Aguascalientes	97,070	97,070	97,104
Baja California	245,280	245,280	246,876
Baja California Sur	48,513	48,513	49,823
Campeche	69,838	69,838	73,900
Coahuila	229,587	229,587	251,395
Colima	61,762	61,762	72,543
Chiapas	349,031	349,031	385,032
Chihuahua	278,960	278,960	306,591
Ciudad de Mexico	1,022,105	1,022,105	1,277,701
Durango	142,942	142,942	150,348
Guanajuato	466,968	466,968	490,124
Guerrero	316,769	316,769	316,419
Hidalgo	264,746	264,746	270,486
Jalisco	686,074	686,074	700,669
México	1,258,354	1,258,354	1,295,340
Michoacán	422,855	422,855	456,018
Morelos	189,428	189,428	191,630
Nayarit	109,697	109,697	119,464
Nuevo León	436,812	436,812	436,743
Oaxaca	394,797	394,797	380,643
Puebla	516,055	516,055	530,913
Querétaro	159,493	159,493	165,992
Quintana Roo	81,731	81,731	79,869
San Luis Potosí	253,964	253,964	258,920
Sinaloa	269,891	269,891	298,455
Sonora	236,801	236,801	256,281
Tabasco	172,639	172,639	183,901
Tamaulipas	286,327	286,327	291,417
Tlaxcala	99,381	99,381	103,461
Veracruz	810,042	810,042	834,777
Yucatán	202,262	202,262	209,677
Zacatecas	141,740	141,740	154,252
Nacional	10,321,914	10,321,914	10,936,764

Otra fuente oficial, el Padrón Único de Beneficiarios (PUB), confirma una discrepancia enorme. Según los registros de este, en noviembre-diciembre de 2022 el número total de adultos mayores que recibieron el beneficio fue de 10 millones 391 mil 366.

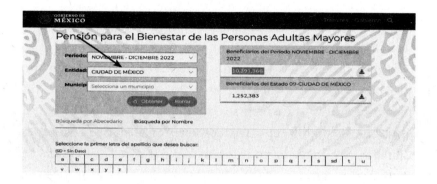

La discrepancia entre esta cifra y el cuarto informe trimestral de la Secretaría de Bienestar es sorprendente: 545 mil 398 personas. Si multiplicamos esta cantidad por los mil 925 pesos que cada beneficiario recibe mensualmente, obtenemos un total de mil 049 millones 891 mil 150 pesos al mes.

Además, debemos considerar que no todos los adultos mayores de 65 años en México, sin excepción, reciben la pensión que se entrega cada dos meses. La falta de transparencia en este gobierno hace imposible determinar cuántos no la reciben. Sin embargo, podemos afirmar con certeza que no todos los adultos mayores del país, desde Carlos Slim hasta la persona más vulnerable, se han beneficiado de este programa.

Como resultado, hay cientos de miles de "pensiones" que no llegan realmente a quienes se supone que deberían recibirlas. Si consideramos la población objetivo oficial, se trata de más de 600 mil personas. Si extrapolamos a partir del Censo de Población y Vivienda 2020, la cifra se sitúa entre 200 y 300 mil personas. La diferencia entre los registrados en el PUB y el número presentado por la Secretaría de Bienestar es de casi 550 mil personas. Sumando a cualquiera de estas cifras las personas que no reciben la pensión, muchas de las cuales no la solicitan porque no la necesitan, podríamos estar hablando de alrededor de un millón de personas.

Cada uno de estos supuestos beneficiarios debió recibir mil 925 pesos mensuales durante ese año, lo que representa una fuente significativa de recursos, tanto a través de transferencias electrónicas como en efectivo, como es característico con López Obrador. Según el cuarto informe trimestral de la Secretaría de Bienestar, al cierre de 2022, 69% de las pensiones se entregaron por transferencia electrónica, mientras que 31% se entregaron en efectivo, casi una tercera parte del total.

Si alguien pensaba que en 2023 ya no se agregarían más personas al PBPAM, dado que se había alcanzado a la población objetivo y parecía haber un excedente, se sorprenderá al saber que, según la información proporcionada por la propia Secretaría, resaltada por su titular Montiel Reyes durante una mañanera con el presidente, la población atendida para el bimestre marzo-abril ascendió a 11 millones 239 mil 840 personas, con un presupuesto de 61 mil 786 millones de pesos y un apoyo mensual de 2 mil 400 pesos por persona. En tan solo cuatro meses se agregaron poco más de 300 mil personas al PBPAM, con lo que se superó en más de un millón la población objetivo establecida a finales de 2022.

A pesar de esta notable expansión en la población oficialmente beneficiada, otra vez el presupuesto asignado fue mucho mayor de lo necesario, lo que nos lleva a cuestionar si existe otro "sobrante" similar al que se observó en el primer semestre de 2022. En tan solo ese bimestre de marzo-abril de 2023 estamos hablando de un exceso de 7.83 miles de millones de pesos. Sí, ese dinero siguió la misma ruta y terminó en la denominada "partida secreta", tal como se había establecido previamente por orden de la secretaria.

Apoyo mensual	2 mil 400 pesos
Beneficiarios	11 millones 239 mil 840 personas
Total presupuesto mensual	26 mil 975 millones 616 mil de pesos
Total presupuesto bimestral	53 mil 951 millones 232 mil de pesos
Presupuesto ejercido marzo-abril	61 mil 786 millones de pesos
Diferencia	7 mil 834 millones 768 mil pesos

Presentación de los avances del programa de Bienestar en la conferencia matutina del 1º de marzo de 2022.

No se puede argumentar que esta diferencia represente los gastos operativos del PBPAM, ya que dicha cifra equivale a 12.7% del presupuesto total ejecutado, lo cual supera significativamente el 3.61% de los gastos operativos autorizados para 2022.

El PBPAM se ha convertido en una fuente de recursos opaca, un agujero negro en el que el dinero público parece destinarse a cientos de miles de beneficiarios que ni siquiera existen,

253

posiblemente incluso rozando el millón de personas ficticias. El padrón de beneficiarios sigue creciendo de manera explosiva. ¿Cuál podría ser la razón detrás de este aumento constante en el padrón? Quizá sea la forma de justificar los miles de millones que sobran en el programa. Cuantos más beneficiarios inexistentes se agreguen, más dinero habrá disponible para desviar hacia otros destinos, ya sea el presidente, la propia Ariadna Montiel o las campañas políticas.

La gran disparidad entre el número oficial de beneficiarios del PBPAM y la realidad, que al menos se cifra en medio millón de personas, es solo la punta del iceberg en cuanto a inconsistencias y contradicciones. En el programa se entregan recursos tanto a personas fallecidas como a otras que simplemente no existen. Hay casos de personas que no estaban contempladas en el padrón, se les cambió la tarjeta y se perdió el recurso. En resumen, es un programa mal documentado, con un padrón inflado que no coincide con la imagen presentada por el presidente en sus discursos y mañaneras, y esto representa un engaño financiero y moral de proporciones monumentales.

Para corroborar estas afirmaciones, basta con echar un vistazo a la página de Facebook de Ariadna Montiel, donde cientos de adultos mayores expresan sus quejas sobre la falta de apoyo, la falta de retroactivos, los errores en las transferencias o el hecho de que sus solicitudes no son atendidas durante meses. Este problema parece extenderse a lo largo y ancho del país.

Otro asunto preocupante es la falta de transparencia en torno a la información. Recientemente, toda la información proporcionada por el Instituto Nacional de Acceso a la Información y Protección de Datos (INAI) de la Secretaría de Bienestar, respaldada por los enlaces que se proporcionaron, fue retirada de su plataforma. Esto ocurrió después de que el presidente López Obrador considerara al INAI un gasto innecesario y presionara para su desaparición y absorción en otra entidad. Además, el nombramiento de nuevos comisionados para el INAI está estancado en el Senado.

UNA AUDITORÍA MUY REVELADORA

En 2021, según la información registrada en la tercera parte de la fiscalización de la Cuenta Pública realizada por el auditor superior, David Colmenares, se destinó un presupuesto de 146 mil 064 millones de pesos para la Pensión para el Bienestar de las Personas Adultas Mayores, con el fin de entregar apoyos, y mil 866 millones de pesos para gastos de operación. Sin embargo, la Secretaría de Bienestar no logró aclarar el destino de 60 mil 600 millones de pesos de esos recursos destinados para las entregas de apoyos y de 16 mil 600 millones de pesos de los fondos destinados a gastos de operación. Esto indica que hubo pagos en exceso en los gastos operativos.

En 2021 se identificaron varias irregularidades, como pagos a personas fallecidas por un total de 48 mil 700 millones de pesos, así como la entrega de 5 mil 600 millones de pesos a 347 personas cuyos nombres registrados en el padrón de beneficiarios no coincidían con la información del Registro Nacional de Población (Renapo). Además, se hicieron pagos por 3 mil 200 millones de pesos a 2 mil 385 supuestos deudos de beneficiarios por concepto de "pago de marcha"; pero, al revisar la información del Renapo, se reveló que los beneficiarios no estaban registrados como personas fallecidas. También se efectuaron pagos por 2 mil millones de pesos a 105 personas menores de 65 años, lo que incumple las reglas de operación del programa, que establecen que la edad mínima para ser beneficiario es de 65 años. Se suman pagos duplicados por un millón de pesos a 273 personas con números de identificación iguales, y 100 mil pesos a 11 personas que compartían el mismo número identificador.

Es importante enfatizar que estas cifras, por más desproporcionadas que parezcan, provienen directamente del informe de la auditor, quien pidió a la Cámara de Diputados que se solicitara una aclaración a Ariadna Montiel, pero nunca hubo una respuesta.

A pesar de estas irregularidades y la detección de beneficiarios inexistentes, el PBPAM continúa creciendo exponencialmente como el buque insignia de los programas sociales del presidente López Obrador. En 2023 se autorizó un presupuesto de 335 mil 499 millones 400 mil pesos, lo que representa un aumento de 34% en comparación con 2022. Este programa es el que dispone del mayor presupuesto, lo que lo convierte en un objetivo atractivo para desviar cash en beneficio propio.

Es importante destacar que López Obrador se ha mantenido alejado de manera directa de estas prácticas corruptas y ha usado a sus operadores, incluyendo a miembros de su familia cercana. En el caso del PBPAM, la clave parece residir en la dependencia responsable y, sobre todo, evidentemente, en Ariadna Montiel.

La farsa de anular las partidas secretas

En marzo de 2021, a iniciativa del presidente, el Senado de la República reformó el artículo 74 de la Constitución con el propósito de prohibir las partidas secretas en el Presupuesto de Egresos de la Federación (PEF). Sin embargo, la realidad dista de las expectativas, como señaló la oposición en el Senado durante las discusiones. Afirmaron que el presidente hablaba de honestidad en la gestión gubernamental, pero que sus acciones no reflejaban esta retórica, y consideraron que esta reforma era una simulación.

El argumento central en contra de esta reforma fue que, aunque parecía ser un paso positivo, no eliminaba las partidas secretas, sino que simplemente las disfrazaba al trasladar los gastos discrecionales a la Secretaría de Hacienda, lo que permitía un mayor control de los recursos por parte del presidente sin tener que rendir cuentas. En otras palabras, la reforma promovía la corrupción.

Además, se recordó que, el 1° de julio de 2019, con la aprobación de la Ley General de Responsabilidades Administrativas y la Ley Federal de Presupuesto y Responsabilidad Hacendaria, se permitía al presidente contar cada año con una partida secreta de alrededor de 90 mil millones de pesos. Este monto era equiparable al presupuesto de dos o incluso tres estados pequeños y se usaría sin tener que rendir cuentas a nadie.

Un ejemplo claro de la ineficacia de esta reforma que supuestamente eliminaba las partidas secretas del PEF es que, a través de un programa incluido en el propio presupuesto, como el PBPAM, se extraen recursos que luego se pierden en una partida literalmente secreta, fuera del escrutinio público y controlada por un pequeño grupo de personas. Se ha denunciado que este dinero se está desviando hacia esta partida secreta por orden de la secretaria de Bienestar, Ariadna Montiel. Algunos empleados de la Secretaría, que han solicitado mantener el anonimato, creen que gran parte de estos fondos terminan en manos del presidente, mientras que otros se destinan al respaldo de las aspiraciones políticas, como la candidatura presidencial de Claudia Sheinbaum para las elecciones de 2024. Sheinbaum, quien cuenta con el aval presidencial, es una cercana aliada de Montiel.

Intermediario problemático: el Banco del Bienestar

La institución financiera que desempeña un papel crucial en la entrega de estas pensiones, el Banco del Bienestar, es señalada como un regazo de ineficiencia y corrupción. Aunque se encuentra registrado como un banco de desarrollo ante la Comisión Nacional Bancaria y de Valores (CNBV), se ha enfrentado a una serie de problemas. Según fuentes dentro de la propia Comisión, el Banco del Bienestar es considerado un banco con numerosos problemas: carece de la capitalización necesaria para ser una entidad financiera efectiva y no cuenta con la conectividad a internet requerida para proporcionar un servicio de calidad.

Es posible que para capitalizar al Banco del Bienestar y hacer que sus mil 500 sucursales actuales funcionen de manera adecuada el gobierno haya tomado la decisión de cancelar las cuentas bancarias que tenía en la banca privada. La Secretaría de Hacienda publicó el 15 de febrero de 2023 en el *Diario Oficial* un exhorto a todas las dependencias y entidades federales a cerrar sus cuentas bancarias en la banca privada.

El argumento presentado por la titular de la Tesorería, Elvira Concheiro, fue que los 24 bancos que prestan servicios a la Tesorería "sudan el dinero cuando menos dos días" y, además, "cobran por las operaciones más de lo que dan como intereses".[1] Concheiro criticó duramente a la banca privada y la calificó como "banca parasitaria que vive de los recursos públicos". Señaló que los bancos habían reportado ganancias por más de 200 mil millones de pesos en 2022, sugiriendo que gran parte de esas ganancias provenían del sector público.

También expresó la posibilidad de que la Tesorería ya no dependiera de la banca privada, sino de sus propios bancos gubernamentales, como el Banco del Bienestar. Esto podría tener implicaciones importantes, como ocultar el manejo del dinero y las inversiones hechas con él, lo que a su vez podría hacer que las partidas secretas sean aún más secretas.

¿Quiénes manejan la Secretaría de Bienestar?

En 2018 Ariadna Montiel se unió a la institución como subsecretaria de Desarrollo Social y Humano. Luego, en febrero de 2022, el presidente López Obrador la nombró secretaria.

Montiel y su círculo cercano juegan un papel central en el manejo del presupuesto de la Secretaría de Bienestar y la supervisión de programas clave. Además de ella, otros funcionarios importantes en esta estructura son los siguientes:

1. **Carlos González Torres** fue subalterno de Montiel cuando fue directora general de la Red de Transporte de Pasajeros (RTP). Es titular de la Unidad de Administración

---

[1] Javier Tejado Dondé, "El gobierno federal cancela todas sus cuentas en los bancos y les llama 'parásitos'", *El Universal*, 14 de marzo de 2023.

y Finanzas, un cargo que tiene el nivel de oficial mayor. A pesar de que el presidente López Obrador anunció la eliminación de los oficiales mayores, simplemente se cambió el nombre del cargo, en una de las clásicas simulaciones del régimen.

2. **Susana Serrano Camargo** es la directora de área de la Subsecretaría de Bienestar y juega un papel relevante en la gestión de programas y recursos.

3. **Miguel Ángel García Gómez** se desempeña como director general para la Validación de Beneficiarios; es el "administrador del contrato" de los padrones de Bienestar, responsable de su administración y supervisión.

4. **Lizbeida Solís Vences** ocupa el cargo de directora general adjunta de Operación de Programas de Atención a Grupos.

5. **Álvaro Zavala Cano** se encarga del padrón de beneficiarios de las personas con discapacidad.

6. **Jeny Vargas Varela**, quien antes ocupó el cargo de directora de Análisis del Presupuesto y firmó el presupuesto asignado a los programas, también forma parte de este círculo y ha trabajado con la secretaria desde su tiempo en la RTP.

7. **Carlos Torres Esquivel**, en la Oficialía Mayor (que hoy forma parte de la Unidad de Administración y Finanzas), se desempeña desde febrero de 2022 como coordinador de Programas para el Bienestar. Anteriormente ocupaba el cargo de secretario técnico de la Presidencia, pero su área se fusionó con la Coordinación de Atención a las Oficinas de Bienestar en los estados, y ahora gestiona los recursos de Bienestar para la Presidencia.

Dentro del círculo íntimo de Montiel también destaca

8. **Alejandro Gonzalo Polanco Mireles**, quien cumple el rol de abogado general y comisionado para la Transparencia de la Secretaría. Ha trabajado estrechamente con Montiel durante muchos años y también se desempeña como catedrático en la UNAM.

Además, en el equipo de Polanco Mireles se encuentra su mano derecha,

9. **Pablo Chávez Ramos**, quien ocupa, para disimular, el cargo de director general de Normatividad y Asuntos Contenciosos. Es una figura importante en el manejo de asuntos legales y cuenta con un equipo de 20 abogados bajo su supervisión; recibe un sueldo bruto mensual de 142 mil 285 pesos.

EL BLINDAJE DEL PISO 18

El incidente que tuvo lugar el 5 de julio de 2022 se originó cuando Leonardo Hernández Rejón, quien trabajaba en el piso 18, fue informado de que había descargado un software que resultó ser un *malware* y, como resultado, se eliminaron repentinamente todos los padrones de beneficiarios del Programa para el Bienestar de Niñas, Niños y Adolescentes. Del PBPAM se habría eliminado el concepto y el apoyo.

En realidad, esto sucedió porque el director general de Validación de Beneficiarios, Miguel Ángel García Gómez, había descargado un software sin autorización para realizar una compra, y no era la primera vez. "Nadie está autorizado para hacer descargas, solo los jefes tienen ese poder y, como nadie le dijo nada, lo volvió hacer", me reveló un informante.

Tras la primera descarga que causó problemas, se hicieron esfuerzos para solucionar la situación, formateando los equipos y reiniciando los sistemas. Sin embargo, García Gómez descargó nuevamente un software no autorizado, lo que llevó a que se blindara el piso 18, donde se administran las bases de datos de los programas de Adultos Mayores y de Niñas, Niños y Adolescentes.

García Gómez negó haber sido él quien había hecho la descarga y se buscó culpar a un empleado de nivel inferior. En este punto, Luis Ignacio Rosales Barrio, quien era director general de Recursos Materiales y Servicios Generales en ese momento, junto con el abogado Alejandro Gonzalo Polanco Mireles, planearon acusar a Leonardo Hernández Rejón de manera injusta y llevar a cabo un acoso laboral en su contra. Inicialmente se le impidió regresar al piso 18 e incluso se asignó personal de vigilancia en su contra. Posteriormente, Hernández Rejón fue llamado para firmar una especie de confesión que terminó como un acta que llegó a la FGR. En esta trama, Jasmín San Martín López, directora general de Bienestar para Niñas, Niños y Adolescentes, también estuvo involucrada.

Polanco Mireles informó a Hernández Rejón que estaba siendo acusado de robo de padrones, una unidad USB, mal uso de la información y jaqueo de la máquina de su jefe, García Gómez, quien fue la causa inicial del problema al descargar un archivo con *malware*.

Ahí ya estaba consignando quién lo acusaba, pero, paradójicamente, en el acta que le levantaron, otra persona lo había acusado, por lo que pidió que le aclararan quién había sido. Se negaron y pusieron que fueron diversas áreas, para atribuirle más culpa de lo que había hecho su jefe, en un acta redactada por otro cómplice: Pablo Miguel Sánchez Ramos.

Al final, la información que supuestamente Leonardo extrajo incluía el diagrama de flujo del pago del semestre julio-agosto, el calendario de pago y 50 claves de tarjetas, pero no había un listado de estado bancario que indicara de dónde se extrajo el dinero de los beneficiarios. Por lo tanto, el acusado solicitó que se realizara un peritaje en las máquinas que tenía asignadas, pero este nunca se llevó a cabo.

Ese piso 18 sigue blindado; nadie puede acceder. Ariadna Montiel lo tiene sitiado con elementos de la Guardia Nacional, como si cualquier criminal común pudiera entrar a las instalaciones. La realidad es que los delincuentes están dentro, tienen credenciales de funcionarios públicos de alto rango y viajan por el país. Comienzan con ella, diciendo que "amor con amor se paga". Efectivamente, los adultos mayores les devuelven amor por las dádivas que los mexicanos pagamos. El presidente, Montiel y sus subalternos convierten ese amor en cash, inflando el padrón con personas inexistentes.

¿QUÉ HACER?

En un gobierno que se jacta de su integridad, pero que está sumido en la corrupción, el programa social más destacado refleja esa hipocresía y cinismo. Hablamos de la estafa financiera y moral del obradorismo. No se trata de un contrato otorgado sin transparencia a un amigo o compadre, sino de una fuente constante de recursos, en gran parte gracias a un padrón inflado que no deja de crecer. Además, se han descubierto artimañas como la entrega de apoyos a personas fallecidas o a quienes ni siquiera tienen 65 años.

El presidente López Obrador elige meticulosamente a aquellos a quienes les confía la tarea de recaudar, desviar y ocultar ese dinero. Esos recursos se usarán según su propia voluntad, en su mayoría en beneficio de sus allegados y su círculo cercano, así como para financiar su movimiento político y ejercer influencia en las campañas electorales. Aunque no aparecerá oficialmente en la boleta, su objetivo es mantener el poder y la protección para él y sus seguidores.

Desde diciembre de 2018 López Obrador tiene a su disposición el presupuesto del gobierno federal, que maneja prácticamente a su antojo gracias al apoyo incondicional de los legisladores de Morena y sus aliados. Cuanto mayor es el programa gubernamental, mayor es la oportunidad de desviar parte de estos fondos.

Desde su tiempo como jefe de gobierno de la Ciudad de México, López Obrador desarrolló su programa social más emblemático, aquel que lo diferenciaba de los gobiernos anteriores y que resonaba fuertemente entre la ciudadanía: "Por el bien de México, primero los pobres". Para los pobres era una esperanza de mejora; para las clases medias y altas, una acción de justicia.

Este programa consistía en una pensión universal, sin otros requisitos que la edad, y se suponía que debía ser otorgada a todos los ciudadanos. Esto tuvo un gran impacto político y electoral. Aunque la cantidad que recibían los beneficiarios no era exorbitante, marcó la diferencia para los más necesitados, y les otorgó una sensación de dignidad y alivio de la carga económica para sus familiares. Ironías de la vida, el programa para adultos mayores a nivel federal fue iniciado por su némesis político, Felipe Calderón Hinojosa.

Hay que escribirlo con todas sus letras, López Obrador ha cometido peculado con los adultos mayores, ya que hay evidencia de malversación de fondos públicos. El peculado es un delito federal que debe perseguirse sin importar quién sea el responsable, y López Obrador debería actuar de la misma manera si el infractor fuera un adversario político. Sin embargo, en este caso, se ha intentado encubrir el delito.

Como ciudadanos mexicanos, nos queda el derecho de expresar nuestra indignación y exigir transparencia en este programa emblemático. Algunos sugieren que podríamos presentar una demanda multitudinaria por daño moral en nombre de todos los contribuyentes. Sería un hecho histórico que obligaría al presidente a rendir cuentas por el dinero que ha desviado junto con Ariadna Montiel usando a los adultos mayores.

Andrés Manuel López Obrador ha manipulado el padrón de adultos mayores para inflar artificialmente el número de beneficiarios. No es un mesías, es un ladrón.

Palabras finales

Como periodista, les entrego este libro, el cual es el resultado del trabajo de numerosos mexicanos que me proporcionaron la información expuesta en estas páginas: pruebas documentales, grabaciones de audio y videos que también respaldan lo que narré en mi libro anterior, *El rey del cash*, donde compartí una parte de mi experiencia personal.

Creo, sinceramente, que todos enfrentamos desafíos difíciles en la vida, y a mí me tomó 18 años superarlos. Hoy, a través de *El gran corruptor*, les toca a ustedes descubrir a aquellos que, ya sean hombres o mujeres, buscan el poder. Un error en 2018 nos llevó a elegir a un líder que, a pesar de sus numerosas enfermedades, sigue ávido de poder y dinero, y eso, estimados lectores, le da vida.

Quisiera concluir solo con una advertencia. Cuando la corrupción se convierte en parte normal de la institucionalidad, como ha ocurrido con Andrés Manuel López Obrador, el daño es tan grande que es extremadamente difícil restaurar un Estado de derecho con mecanismos de control sobre el gasto gubernamental.

El tabasqueño estableció un gobierno sin respeto por la ley y sin controles que limitaran su poder. Si la oposición logra ganar la presidencia en 2024, la tentación de gobernar de la misma manera será grande. Solo un individuo con auténtica vocación democrática y convicción comenzaría a reparar lo que el gran corruptor destruyó.

Como mexicanos, no debemos olvidar los años de esfuerzo, lucha y sacrificio, incluso la sangre derramada por compatriotas, destinados a construir instituciones fuertes que este hombre ha ignorado y desmantelado con total desfachatez. Reconstruirlas será una tarea titánica.

El poder puede volver locas a las personas cuando, como en el caso de López Obrador, no hay amor a la patria. La vida se desperdicia cuando, como le ocurrió a este hombre, se centra en venganzas estériles en lugar de la encomienda de gobernar con rectitud para la que fue elegido.

México, la nación de la cual solíamos estar orgullosos, necesita un orden legal y jurídico sólido, no más líderes que controlen el poder y a la población como súbditos. No podemos permitirnos cometer errores en las elecciones y votar por alguien que gobierne al estilo de López Obrador.

Aquí está mi aportación para mi país, para mis prójimos, para mis animalitos.

Índice onomástico

Agradecimientos

A Dios por ir siempre delante de mí. Él conmigo, ¿quién contra mí?

A todas las mexicanas y mexicanos que me proporcionaron la información para este libro. Su aportación es oro cuando nuestra patria está herida.

A Elena Cárdenas Rodríguez por ser mi voz y mis ojos en esta tarea de rescatar a México. El periodismo nos unió como amigas, y el amor por nuestro país nos fortaleció.

A Dione Anguiano por ayudarme a reinventarme como mujer y apoyarme en mi activismo por los derechos de los animales.

A Antonio y Mónica por abrirme su casa en España para que escribiera este libro.

A Ernesto Madrid por ayudarme a comprender que los números son fríos y crueles.

A Sergio Negrete Cárdenas por su invalorable prólogo.

A César Ruiz por cuidar de mis animalitos.

A Enrique Calderón, mi editor en Penguin Random House, por guiarme en esta nueva obra que muestra cómo el sistema, sea del partido político que sea, no cambia ni se transforma, se perfecciona para saquear, destruir instituciones y dividir a los mexicanos como nunca antes se había hecho.

A Lucas.

El gran corruptor de Elena Chávez
se terminó de imprimir en enero de 2024
en los talleres de
Litográfica Ingramex, S.A. de C.V.,
Centeno 162-1, Col. Granjas Esmeralda, C.P. 09810,
Ciudad de México.